욕망과 분노의 불교심리학

UNLIMITING MIND

# 붓다 마인드

UNLIMITING MIND
THE RADICALLY EXPERIENTIAL PSYCHOLOGY OF BUDDHISM

by Andrew Olendzki © 2010 Wisdom Publications.
Korean translation copyright © 2018 by Olive Green.
Original English language edition published by Wisdom Publication, USA
The Korean edition Published by arrangement with Wisdom Publication, USA
through Eric Yang Agency, Inc, Korea.

이 책의 한국어판 저작권은 에릭양 에이전시를 통한
저작권자와의 독점 계약으로 올리브그린에 있습니다.
저작권법에 의한 한국 내에서 보호를 받는 저작물이므로
무단 전재와 복제를 금합니다.

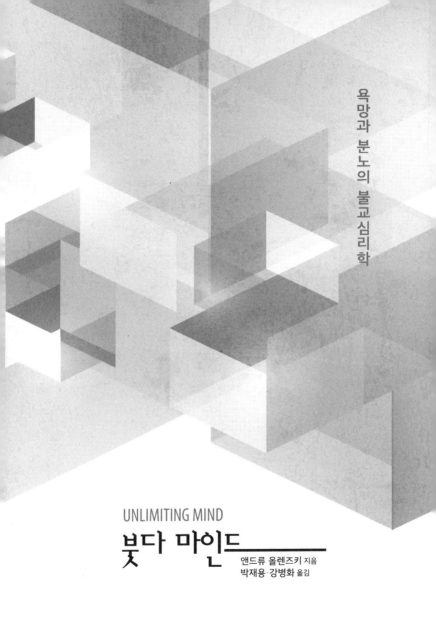

욕망과 분노의 불교심리학

UNLIMITING MIND

# 붓다 마인드

앤드류 올렌즈키 지음
박재용·강병화 옮김

**지은이 _ 일러두기**

빨리어에서 통상 이용되는 분음 기호 표시는 접근성과 가독성을 높이기 위해 이 책에서는
생략했다. 대부분의 빨리어 문헌 번역은 지은이가 했으며, 그렇지 않는 부분은 미주를 달았
다.

**옮긴이 _ 일러두기**

1. 이 책은 Andrew Olendzki의 *UNLIMITING MIND: The Radically Experiential Psychology of
   Buddhism*(Wisdom Publications, 2010)을 번역한 것이다.
2. 본문에 나오는 한자어는 옮긴이가 이해를 돕기 위해 부기한 것이다.
3. 옮긴이의 주는 '역주'로 표기하였다.

차례

# 서문

세계는 새 시대의 문턱에 서 있다. 다가올 미래가 최고가 될지 아니면 최악이 될지는 확실치 않다. 지구가 사람들로 가득 차고, 사회를 지탱해주는 천연자원이 고갈되고, 야생 생물의 멸종이 임박함에 따라 때때로 종말의 시작을 목격하는 것처럼 보이기도 한다. 아마 다른 시대였다면 인간의 의식이 점차 진화한다고 보아 희망적으로 느꼈을지도 모른다. 선조에게서 원시적 폭력성을 물려받은 우리지만, 지금에 이르러 개방적이고 관용적이며 다양성을 수용하고 인권에 관심을 갖게 되었다. 다가올 미래가 희망적이든 절망적이든 간에, 인류가 자신과 행동을 잘 이해한다면 이로울 것이라는 점에는 의심의 여지가 없다. 이런 면에서 심리학은 점차 늘어가는 어려움을 극복하고, 새로운 가능성을 창조하도록 돕는 중요한 도구이다. 인간의 심리학적 자기 이해는 앞으로 우리가 살아갈 미래를 결정할 중요한 요인이 되리라 생각한다.

100여 년 동안 심리학 분야는 20세기의 중요한 공헌 중 하나였다. 마음이 시험관 속 내용물처럼 직접적이고 객관적으로 관찰될 수 있다는 소박한 가정 아래 여러 학문 분야에서는 이내 행동주의의 양적量的 결과를 선호한 반면 불확실한 내성內省을 포기하였다. 동시에 현미경·망원경·수학 모델 등의 사용으로 눈에 보이지 않는 것을 볼 수 있게 되면서 물리학에서 진보가 일어났듯이, 초기 심리학자들도 무의식과 전前의식적 마음을 발견하고, 이 신비한 영토를 탐구하고 해석하기 위해 새로운 도구들을 개발했다. 세기가 지남에 따라, 인간의 본성을 이해하고 정신 질환을 치유하는 다양한 방법들이 통찰력 있는 많은 사람들에 의해 개발되고 발전하게 되었다. 최근 몇 년 동안 디지털 영상 기술의 발전으로 두뇌의 화학적 성질·구조·기능들에 대한 이해가 커지면서 완전히 새로운 차원이 열리고 있다.

그럼에도 불구하고 심리학은 명상수행과 같은 예상 밖의 분야로부터 영향을 받으면서, 내성적 근원으로 되돌아가는 길을 발견한다. 서양 과학이 근본적으로 외향적 관점을 갖는 인도-유럽 사상과 지중해 사상 간의 상호작용에서 발전했다면, 명상수행은 고대 인더스 계곡 문화의 내향적 관점에 뿌리를 두고 있다. 이 지역에서는 수천 년 된 요가와 명상 자세

이미지들이 발견되고 있다. 고고학자들이 발굴한 유물을 보면 서쪽으로 갈수록 외향적 표현이 두드러지는 문화인 것과 비교해 이 지역은 별로 관련이 없는 것 같다. 상대적으로 우리는 북인도 초기의 종교사에서 외부의 신들과 소통하는 것 보다는, 경험의 내적 세계를 탐구하는 데에 더욱 중점을 둔 사고방식을 발견하게 된다. 그리고 수 세기 동안 고대 동양의 명상수행을 통해 습득된 경험은 이제 현대 서구에서 마음을 어떻게 이해하고 탐구하는지에 중대한 영향을 미치기 시작하고 있다.

우리가 의식이라고 부르는 현상이 결코 외부적 관점으로는 설명될 수 없다는 것을 학자들이 인정하면서, 마음을 외향적 접근법으로 연구하는 일은 한계에 부딪히고 있다. 이제 우리는 자극과 반응 사이에 있는 블랙박스 안에서 실제로 무엇이 진행되고 있는지를 알고자 한다. 두뇌 스캔은 뇌의 작용과 동시에 일어나는 내적 경험의 에피소드와 연계될 때에만 의미가 있을 뿐이다. 주관의 구성요소 즉, 의식적이라는 상태가 어떤 느낌인지는 모든 마음 모델에서 중요한 부분을 차지한다. 심리치료사는 이를 잘 알고 있고 마음 상태에 대한 내담자의 자기보고를 통해 그들의 내면에 접근하고 있는데, 그 진행 방식은 명상수행의 영향 하에 변화하고 있다. 우리는 치료사의 공감 능력이 자신의 명상수행을 통해 얼마나 향상되는지를 알고 있다. 우리는 내담자가 마음을 편히 하고, 주의를 집중하고 의식 내에서 생각의 흐름을 자유롭게 허용함으로써 어떻게 자신의 내적 경험과 관련지어 보다 능숙한 방법으로 학습할 수 있는지에 대해 점점 알아가고 있다. 그러나 이것은 불교사상이 서구 심리학과 만나는 첫 번째 물결일 뿐이다. 이제 두 번째 물결이 다가오고 있다. 이는 우리 자신을 바라보는 방식에 훨씬 더 많은 영향을 미칠 것이다.

전통적으로 명상수행은 두 가지 서로 다른 맥락의 가르침 사이에 놓여있다. 고결성이나 도덕성에 명상의 근원을 두는 가르침과 사물이 실제로 존재하는 방식에 대한 지혜나 통찰에 명상의 목표를 두는 가르침이 그것들이다. 현대의 과학적 세계관에서 심리학계가 명상을 진지하게 고찰하게 되면서 명상은 고전적 맥락에서 중요시했던 두 요소로부터 분리되고 있다. 우리는 이것이 아마존 숲에서 약용 식물을 채취해 실험실에서 그 유효 성분을 추출해서 합성하는 방법과 유사하다고 생각할 수도 있다.

달라이 라마의 참여로 시작된 뇌 과학자와 불교도들의 만남에서, 한 과학자는 최근 불교가 그에게 어떠한 가치가 있는지를 솔직하게 말했다. 그는 티베트 승려처럼 명상수행을 다양하게 경험한 명상 전문가들과 일반인들을 스캐너에 연결하여 의식 변화의 기준치를 비교했을 때, 각각의 판독치 사이에 놀라운 격차를 보고 기뻤다고 했다. 이처럼 변화의 상태가 두드러질수록 과학자들은 더욱 기뻐한다. 그럼에도 그 과학자는 그와 관련된 불교 이론에는 관심이 없었다고 말했다. 특히 그는 불교 전통에서 말하는 명상수행의 전제 조건인 윤리적 기술skill은 물론 해탈에 이르게 하는 통찰 명상수행에도 관심이 없었다고 했다. 이러한 것들은 정량화할 수 없기 때문에 서구 과학자의 관점에서 볼 때 부적절한 연구 분야이다.

나는 이러한 상황이 변화될 것이라고 믿는다. 세계 발전에도 기여할 것으로 기대되는 이 고대 지혜의 전통으로부터 집단적으로나 개인적으로나 우리가 배울 수 있는 것은 훨씬 많다.

도덕적 고결성과 전통 명상수행의 토대에 관해서는 앞으로 다룰 것이지만, 우선은 명상이 우리를 이끄는 통찰력에 초점을 맞추고자 한다. 불교 전통의 세 가지 핵심적 통찰은 무상·괴로움·무아의 삼법인三法印이다. 그 중 첫째는 무상으로서 모든 현상은 예외 없이 변화한다는 진실이고, 둘째는 괴로움으로서 모든 경험이 그 구조상 지속적인 만족을 가져올 수 없음을 인식하는 것이며, 셋째는 무아로서 우리가 자기 자신이라고 믿는 것과는 완전히 다른 존재라는 불편한 진실을 말하는 것이다. 이 세 가지에 모든 현상의 상호의존성 개념과 급격한 심리적 변화인 '깨달음'이라는 개념을 덧붙일 수 있다.

나는 이 근본적인 가르침을 차례로 살펴보면서, 현대 심리학 분야에 이바지하고 있고 앞으로도 특별히 기여하게 될 점들을 제시하고자 한다. 이 개념들은 명상의 기술적인 실천을 넘어, 이 실천에 의해 얻은 이해를 가리킨다.

실제로 명상은 하나의 도구이지만, 이 도구는 좋은 일을 성취하는 데 사용된다. 손가락 너머 그것이 가리키는 달을 보듯이 명상 너머의 지혜를 바라보기로 하자.

## 무상無常 IMPERMANENCE

무상에 대한 불교의 통찰은 얼핏 보기에 그다지 놀라운 것이 아닐 수도 있다. 확실히 다른 모든 전통에서도 변화를 인정하고 중요시한다. 불교의 관점에서 독특한 점은 그 어떤 것이든 모든 현상은 급격히 변화한다는 데 있다. 우리는 하나의 혹은 대부분의 사물이 변화한다는 말에는 익숙하지만, 모든 것이 변화한다는 말에는 별로 익숙하지 않다. 생기있는 우리의 심신心身을 지탱해 주는 불변의 본질은 없다. 원인과 결과의 매트릭스 밖에 있는 부동不動의 동자動者 unmoved mover *는 없으며, 확고하게 발 디딜 수 있는 고정점 역시 없다. 또한 노

........................

\* 역주 : 아리스토텔레스에 의해 창안된 개념으로서 다른 것을 움직이지만 자신은 다른 어떤 것에 의해서도 움직여지지 않는 형이상학적 존재를 말한다. 이 개념은 이후 神과 같은 초월적 존재를 가리키는데 사용되어 왔다.

화·질병·죽음의 무자비한 공격에서 벗어날 피난처도 없다. 물론 그러한 안정적인 본질에 대해서는 개념이나 생각을 통해 상상해 볼 수는 있지만, 붓다의 말씀처럼 자신의 경험을 아무리 샅샅이 살펴보아도 이러한 불변의 것들을 발견할 수는 없다. 심지어는 마음의 변화무쌍한 흐름 속에서 얼마간이나마 불변하는 어떤 것이 있는지조차 떠올리기 어렵다.

실제로 마음 자체가 모든 변화의 가장 대표적인 예이다. 우리가 의미의 세계를 구축하는 데 사용하는 바로 그 도구 자체가 흔들리고 있기 때문에, 흔들리는 세계를 만들고 있다는 게 놀랄만한 일은 아니다. 전통적인 불교 사상에서는 의식은 순간순간 일어났다 사라진다. 흘러가는 경험의 흐름에서 인지認知되는 각각의 에피소드는 먼저 하나의 대상을 파악한 후 연이어 다른 대상을 파악하는 것으로 묘사된다. 이를 빨리어 문헌에서는 다음과 같이 표현하고 있다. "원숭이가 숲이나 정글을 통과할 때 한 나뭇가지를 움켜잡고, 놓은 뒤 다른 것을 잡는다. 마음·사고·의식이라고도 하는 것도 하루 종일 이런저런 대상을 잡고 놓는 것과 같다."[1] 더욱이 의식에 의해 인식되는 대상境들 및 이 대상을 인식하는 데 필수적인 인식기관根들 역시 그 자체가 "움직이고 불안정하며, 무상하고, 변화하며, 다른 것이 된다."[2]

정신건강 전문가들은 의식 내면의 불안정성을 아주 잘

알고 있다. 그들은 환자들이 겪는 여러 힘든 사례를 통해 계속해서 이 사실을 확인하게 된다. 실제로 불안정성은 영어의 구어체 표현에서 좀 더 일반적으로 사용된다. 즉 이 표현들은 환자가 스스로 현실감을 잃거나 혹은 심지어 정신을 '잃는다'고 느낄 때 대부분의 전통적인 정신치료에서 환자에게 "발을 디디세요.", "확고한 기반을 찾으세요.", "함께 잡으세요.", "꽉 잡으세요." 하며 돕는 일과 관련이 있는 것으로 받아들여진다. 아마도 이것은 특정한 정체성이나 자기 이미지를 안정시키고, 혹은 대상 관계의 항상성을 회복시키며, 심지어 일련의 건강한 애착을 계발하는 것을 포함한다. 불교의 사상과 수행은 이와는 다른 방향으로 향하는데, 변화를 적대적으로 생각하는 대신 우호적으로 대하게끔 한다. 새로운 심리학도 우리가 변화에 적응하도록 돕는다. 이는 우리가 무상과 무관하다고 여기는 대신 무상을 좀 더 편하게 느끼도록 하는 전통적 가르침과 연관성이 있다. 변화와 더불어 무언가가 사라지지만, 이때 다른 어떤 것이 나타나기도 한다. 우리 손아귀에서 무언가가 빠져나갈 때 다른 것을 잡을 수 있는 공간이 만들어지기 때문이다.

얼마나 다양한 정신질환이 변화에 대한 두려움에 뿌리를 두고 있는가? 여기에는 불안 장애뿐 아니라 적응·회피·의존·분리와 관련된 장애들이 있다. 그리고 얼마나 다양한 상황에서 변화와 위협으로부터 안전하고 친숙한 무언가를 붙잡기 위한 시도를 하는가? 이와 관련하여 강박 행동은 대부분 중독과 함께 나타난다. 우리 문화에서 변화란, 마치 광대한 바다가 주는 위협과도 같다. 우리가 무언가를 붙잡지 않으면 파도는 우리를 쓸어버릴 것이다. 그러나 사실 바위를 계속 붙잡는다 해도 파도에 휩쓸리게 되는데, 그 피해는 변화 자체라기보다는 그에 대한 저항으로 인한 것이다. 무상을 해결되어야 할 문제라기보다는 존재 자체의 근본적인 특성이라고 파악함으로써, 불교도들은 환상에 지나지 않는 견고함이라는 집착에서 벗어나 자유롭게 변화의 바다에서 수영하는 법을 배울 수 있다. 변화가 일어날 때 사라지는 것에 집착하는 대신, 우리는 새로운 매 순간 다가오는 기회를 열어 볼 수 있다.

명상은 이를 위한 훈련이다. 다음 순간을 알아차리기 위해 매 순간의 경험은 버려져야 한다.

### 괴로움 苦 SUFFERING

불교 전통의 위대한 두 번째 통찰은 인간 경험이 갖는 피할 수 없는 불만족에 대한 것이다. 종종 비관론이나 허무주의로 잘못 해석되는 첫 번째 고결한 진리苦聖諦는 즐거움·기쁨·행복의 경험을 부인하지 않는다. 또한 우리 삶이 의미나 가치가 없다고 하지 않는다. 오히려 고성제苦聖諦는 즐거움과 행복의 메커니즘에 대한 통찰을 보여주며, 우리의 마음과 신체 기관이 자연스럽게 경험을 구축하는 방식에 내재해 있는 한계를 드러내 보인다. 상황이 불만족스럽다고 인식하는 것은 그 상황의 근본적인 무상함을 보게 된 자연스러운 결과이다.

인간을 포함하여 모든 동물들이 즐거움을 추구하고 고통을 피하고자 하는 원초적 본능을 타고났다는 것은 잘 알려져 있다. 대부분의 생물에게 이 본능은 적응 장치로서 작동하는데, 이를 통해 우리는 먹이를 찾아 잡아먹고 종을 지속시킬 적절한 짝을 찾고 천적을 피해 도망가거나 맞서 없앤다. 하지만 쾌락의 쳇바퀴도 온갖 어려움의 근원이다. 물론 문제는 쾌락이 결코 지속가능하지 않고, 고통 역시 피할 수 없다는 데 있다. 건강한 사람에게 이는 실망스럽고 불편할 정도이겠지만, 심각한 정신건강 문제를 가진 사람에게는 심한 고통을 일으키는 중독과 거부의 악순환을 불러올 수 있다.

인간은 보통 자신의 행복을 쾌락의 극대화이자 고통의 최소화로 생각하며, 이를 위해 다양한 방법을 동원한다. 심리학자들은 사람들이 성공적으로 이러한 일을 하도록 돕는다. 긍정심리학 서적들은 꾸준한 상승세를 타고 자기 학습부문의 베스트셀러 리스트에 오른다. 효과가 뛰어난 의약품들은 시장에 출시되어 불쾌감을 감소시키거나 통증에서 벗어나도록 돕기도 한다. 그러나 이러한 접근법의 단점은 무상함과 같은 불만족스러운 상황이 바로 경험 구조의 일부라는 점을 간과하여, 문제의 근본 원인을 다루는 대신 그 증상을 치료하는 데 있다.

인간이 처한 상황에서 괴로움은 피할 수 없다는 근본 이치를 받아들임으로써, 불교도들은 문제를 바라보는 다른 차원의 틀을 제시하면서 문제 해결의 길을 연다. 그들은 실재하지 않는 억압이나 고통을 회피하려는 대신 고통을 포용할 수 있는 웰빙well-being 상태를 찾고자 한다. 마찬가지로 그들은 영속성에 집착하거나 의존하지 않고 기쁨을 경험하고자 노력한다. 이는 평정심을 키움으로써 이루어진다. 집착하지 않고 기쁨에 머물고, 저항하지 않고 고통에 머무는 방법이 바로 그것이다. 평정심은 기쁨과 고통 모두를 포함하는데 이를 통해 우리는 괴로움 없이 머물 수 있다.

괴로움에 대한 불교의 통찰은 기쁨과 고통에 대한 현상학phenomenology** 의 접근법을 통해 이해된다. 둘 다 이른바 '본능적인hard-wired' 마음과 몸의 자연스러운 측면이며, 따라서

........................

** 역주 : 현상학은 우리 마음속에서 일어나는 주관적 의미를 파악하고자 하는 학문으로 에드문트 후설이 창안하였으며, 인간의 의식적 경험을 중요시 여기는 것이 특징이다. 본문에 나오는 '현상학' 혹은 '현상학적'이라는 용어는 모두 인간 경험을 있는 그대로 보고자 한다는 의미에서 사용되고 있다. 따라서 '사물을 있는 그대로 보고자 하는' 불교 정신과 유사한 측면이 있다.

경험하는 매 순간 피할 수 없다. 때로는 신체의 고통이나 쾌락의 상태처럼 괴로움이나 즐거움이 분명한 경우도 있지만, 경험 중 일어나는 대부분의 느낌은 너무나 미묘해서 감지하기 어렵거나 덤덤하게 느껴질 수도 있다. 그러나 경험하는 대상이 일으키는 느낌의 상태가 고통의 근원이 아니다. 경험을 면밀하게 관찰함으로써 알 수 있는 사실은, 괴로움은 느낌 자체라기보다는 느낌에 대한 심리적 반응이라는 것이다. 괴로움은 즐거움이 사라질 때 느껴지는 실망감이나 불쾌한 경험에 마주쳤을 때 느껴지는 짜증과 불만으로 이루어진다. 간단히 말해서, 괴로움은 우리가 바라는 것들이 있는 그대로와 다르기 때문에 생겨난다. 이것이 불교 가르침에서 두 번째 고결한 진리集聖諦이다.

행복이나 깊은 웰빙의 감정은 단지 기쁨 속에 있거나 고통이 없는 것에 있지 않으며, 이에 의존하지도 않는다. 이 역시 새로운 심리학의 중요한 요소이며 광범위한 임상치료 전략에 적용되고 있다. 예를 들어 의료 환경의 MBSR<sup>Mindfulness</sup> Based Stress Reduction 마음챙김에 기반한 스트레스 감소 프로그램에서 환자는 심각한 질병이라고 진단받았거나, 불치병에 걸렸거나, 만성통증에 시달릴 때조차도, 웰빙과 온전함을 느끼도록 배운다. 마찬가지로 불쾌한 감정에 노출되더라도 공포증·공황·우울증에 시달리지 않는 힘을 갖는 것은 갈망·남용·중독에 빠지지 않고 기쁨을 체험할 수 있는 능력과 마찬가지로 마음챙김 수행을 통해 계발될 수 있는 기술이다.

모든 것이 다 해결될 수는 없다는 사실을 아는 데서 오는 안도감 같은 것이 실제로 있다. 우리가 원하는 것을 얻지 못하거나, 원치 않는 것을 처리해야 하는 데서 오는 심리적 괴로움은 원하는 것과의 관계를 전환함으로써 치료할 수 있다. 만일 욕망이 고통을 일으킨다면 욕망을 만족시키거나 억압하려고 노력하는 대신, 특정한 그 욕망이 흘러 지나가게 하는 것이 우리가 행할 수 있는 전략이다. 하지만 우리 자신과 사랑하는 사람 모두에게 노화·질병·죽음이라는 실존적 사실은 어떠한 심리치료로도, 부정적·긍정적 생각이나 의약품으로도 치유되지는 않을 것이다.

심리학을 통해 곤경에서 벗어나는 대신 곤경이 주는 매서움을 인정하는 법을 배움으로써 최대한 현재의 삶을 즐기도록 도움 받는 것이 가능하다. 한편 불교심리학이나 지속적인 명상을 통해 얻어지는 인간 상태의 본질에 대한 통찰은 괴로움의 소멸이라는 세 번째 고결한 진리滅聖諦로 가는 길을 약속한다. 앞으로 보겠지만, 이것은 인간 상태에 내재된 고통을 없애는 대신 이를 억누르거나 떨쳐내지 않는 방법을 배움으로써 성취된다.

무아에 대한 가르침은 아마도 불교의 통찰 중 가장 파격적이다. 특히나 자아 개념을 깊이 체계화한 전문가들에게는 더욱 그러할 것이다. 이러한 이유로 무아는 불교 가르침 중 가장 큰 오해를 받고 있다.

무아의 가르침은 자아가 없다는 것을 의미하지 않는다. 어떤 것이든 개념을 표현하기 위해 만들어진 이름은 그 자체로 존재하기 때문이다. 그러나 그 이름이 실제로 경험 세계에서 발견되는 어떤 것과 연관이 있는지 여부는 또 다른 문제이다. 우리 모두는 육신肉身·개인사個人史·법적 주체를 표현할 때 관습적으로 사용하는 명칭이 자아 개념을 설명하는데 얼마나 유용한지를 알고 있다. 또한 이 개념은 사람이 성장함에 따라 특정한 능력이 나타나는 일련의 발달 단계를 설명하는데에도 유용하다. 이 중 어느 것도 불교 관점에서 논쟁의 여지는 없다. 불교도들이 문제시하는 것은 경험적 관찰에서는 입증될 수 없는 자아에 관한 여러 가정들이다.

문제가 될 만한 가정 중 하나는 자아란 인간의 육체와 정신적 과정이 나타나는 것과는 달리, 존재론적 지위의 특권이 있어서 별개의 물질적·본질적·영적 에너지를 갖는다는 것이다. 자아는 개인의 몸·감정·지각·행위·의식을 표현하는 유용한 단어일 수 있지만, 이들의 근원이거나 혹은 초월적인 무언가로 해석될 수는 없다. 달리 말해 자아는 인간을 잘 표현할 수는 있겠지만, 인간은 자신이 경험에서 나타내는 모습과 다른 존재가 아니다. 불교도들이 서구의 전통적 언어에 대해 비판하는 것은 마음과 몸이라는 표현보다는 신성하고 영원하다고 생각하는 종교적 영혼 개념이다. 즉, 시공간과 무관한 불가사의한 정신적 실체로서의 철학적 의식 개념을 비판하는 것이다. 불교도들은 이 두 가지 개념 모두 유용하거나 멋진 개념일지는 모르나 우리가 직접 알 수 있거나 볼 수 있는 어떤 존재를 나타내지는 않는다고 주장한다.

　　불교 사상에서 이의를 제기하는 자아에 대한 또 다른 가정으로 행위자agency 개념이 있다. 다시 말해 생각의 배후에 있는 생각하는 자, 혹은 행위 이면에 있는 행위자를 일컫는 행위자 명사의 탄생은 단지 습관적이고 관례적으로 사용해 온 것에서 비롯한다. 숙달된 명상수행을 통해 의식의 흐름을 면밀히 살펴보면, 의도나 의지를 실행하는 기능을 구별할 수는 있어도, 의도나 의지에 속해 있거나 이를 행사하는 어떤 사람은 존재하지 않는다. 생각은 계속해서 일어난다. 그리고 이들 생각 중 일부는 일어나는 여러 생각 중 마음의 선택 기능을 통해 의도적으로 택해진 것이다. 또한 신체身·언어口·마음意의 행위는 매 순간 일어나는데, 마음과 몸에는 특정 순간 여러 선택지 중 어떤 행동이 취해져야 하는지를 판단하기 위한 메커니즘이 있다. 그러나 우리는 이같은 현상학에 기반하는 경험 자료들을 훨씬 뛰어넘어 모든 결정을 어떤 식으로든 '내리는' 자아라고 할 만한 불연속적인 개체가 존재한다고 결론짓는다. 어떤 면에서 이 행위자 개념은 인간 내부에 행동을 실행하는 '뇌 속의 작은 사람homunculus'이 있다고 가정하는 마음 이론의 현대적 버전이다.

실제로 어떤 선택이 행해진다고 해서 원인과 결과의 매트릭스 외부에 선택하는 행위자로서 특별한 실체가 반드시 있다는 것을 의미하지는 않는다. 또한 그러한 행위자가 없다고 해서 모든 것은 미리 결정돼 있으며 의지가 완전히 환상임을 암시하는 것도 아니다. 전통 철학에서 도덕적 딜레마의 두 축인 자유의지와 결정론을 불교도들은 원래 지지하지 않는 것으로 보인다. 우리는 조건과 조건화에 크게 제약을 받으면서 그 사이의 길을 걸어가지만, 그 과정을 마음챙김하는 주의력에 비례해 반응할 수 있는 범위 내에서 확실한 선택을 내릴 공간을 만든다.

신경 과학자들은 이 모든 것들을 잘 증명하고 있는데, 그들은 신체속의 영혼이나 마음속의 행위자로 보이는 어떠한 것도 발견하지 못하고 있다. 100년 전 '당구공 우주***' 시대

***  역주 : 당구공 우주란 뉴턴 물리학 시대의 산물로서, 우주의 초기 상태를 알면 그

에 여러 이론과 도구 상자에 익숙했던 물리학자들이 새롭게 등장한 상대성 이론과 실재의 불확실성에 대해 당혹해 했듯이, 현재의 우리 또한 그와 마찬가지라는 것을 깨닫는다. 자아라는 대중적 개념은 19세기의 유물로써 21세기의 놀라운 과학적 발견에 대처하기에는 그다지 적합하지 않다. 하지만 심리학은 우리가 겪는 경험의 상태들을 잘 설명하고 있고, 우리가 누구인지를 이해하는 전통적 방법이 산산조각 날 때 생기는 상처를 치유하기 위해 더욱 필요하다. 아마도 무아는 이러한 일을 가능하게 하는 근본적으로 새로운 관점일 것이다.

마음챙김과 수용acceptance에 영향을 받은 새로운 심리학에서는 자아라는 안정된 개념에서 탈피하고자 하는 경향을 받아들여, 자아 없이도 변화하는 경험의 현상학에 초점을 맞춘다. 자아와 타인의 개념, 성공과 실패의 개념, 가치와 무가치의 개념이 일어나는 더 큰 차원의 인지 단계는 자극과 유혹이 가득한 지뢰밭이다. 생각·느낌·정서 등이 선명하지도 확립될 기회도 없이 마음을 들락거리는 이 문턱 아래에서, 한 인간은 고통받지 않는 자가 될 일말의 자유를 찾을 수 있다.

따라서 자아가 사실상 있다고 해도, 이 자아는 다른 모든 것들과 마찬가지로 영속적이지 않고 구성된 것이며 변화

---

이후는 추론 가능하다는 결정론적 우주관이다.

하는 조건에 의존한다. 심리 장애가 있는 대부분의 사람들이 그렇듯이 우리가 특별한 의미에 계속 집착한다면 분명히 어려움을 겪을 것이다. 누구나 깊이 집착하는 무언가를 잃게 되면 고통 받을 것이다. 그러나 그 대신 자아라는 특별한 개념에 집착하지 않는 태도를 배우고, 반복하는 자신에게서 벗어나 개방적이 되거나, 여러 방법을 통해 다른 유형의 사람이 될 가능성이 있다면, 완고한 자기 동일시를 줄이는 것은 저주가 아니라 축복이다. 과거의 외상에 시달리던 사람이 미래에도 그 외상의 영향에서 자유롭지 않은 동일인일 필요는 없다. 스스로 가치 없고, 사랑받지 못하며, 불행하다고 느끼는 사람이 지금 있을지도 모르지만, 그와 동일한 사람은 잠시 후에는 어디에도 없을 수 있다. 오늘 중독에 빠진 사람은, 내일엔 더 건강한 사람이 말하는 이야기 속의 바로 그 인물일 수도 있다.

순간순간 경험의 흐름 속에서 자신을 볼 수 있다면, 우리는 자기의 탁월한 변화 가능성을 통해 매우 자유로운 경험을 할 수 있다.

## 상호의존적 발생緣起 INTERDEPENDENT ORIGINATION

상호의존적 발생緣起에 대한 불교 교리는 현대 물리학의 시스템 이론이나 카오스 이론 등과 같은 최신 경향과 맥을 같이 하는 것처럼 보여 매우 주목할 만하다. 기본적으로 이 가르침은 존재론적 일원론이나 그 근원이 되는 물질 없이도, 모든 현상이 열려있는 복잡한 인과 패턴으로 일어나고 사라진다는 것이다. 체스 게임이나 당구대처럼 규모가 작고 닫혀 있는 시스템은 매우 적은 변수를 가지고 있다. 따라서 택할 수 있는 선택 범위가 유한해서 내부의 모든 활동은 좁고 예측 가능한 범위로 한정된다. 그러나 지구 생태계나 인간의 두뇌처럼 그 규모나 복잡성에서 놀랄만한 자연 시스템은 불확실하고 창조적이며, 인과 관계에 대한 협력적이고 분산적인 접근을 가능하게 한다. 그러나 물리학자들에게 흥미로울 수 있는 이 점이 심리학자들에게는 특별한 가치가 있다.

　　무상·괴로움·무아에 대한 통찰과 유사한 이 가르침은, 인간의 마음과 몸을 어느 특정 순간과 연이은 순간에 의식의 흐름으로 전개되는, 그리고 서로 인과 관계가 있는 상호의존적 현상으로 표현한다. 마음은 몸에 의존할 뿐 아니라 몸도 마음에 의존하고 있어서, 같이 일어나고 같이 창조하고 함께 서로를 한정한다. 또한 체험을 면밀히 관찰할 때 이 둘을 구별하는 건 별로 유용하지 않을 수도 있다. 지각과 느낌에 대해서도 동일하게 말할 수 있는데, 각각은 경험이 일어나는 순간 서로를 만들어내고 영향을 미친다. 또한 의도는 우리의 몸·말·마음의 행위뿐 아니라 성격과 개성 같은 기질도 형성한다. 이렇게 만들어진 우리의 성격은 이후 계속되는 상황에 영향을 미칠 바로 그 결정과 선택을 만들어 간다. 간단히 말해, 우리가 소박하게 인간이라고 부르는 실체는, 정신적 육체적 요소가 소용돌이치고 합해져 발생하고, 극히 짧은 순간에 상호작용하여 서로를 조건화하며, 다음 순간의 전개에 필요한 공간을 만들기 위해 함께 사라진다.

이에 대한 희소식은 우리가 현실 경험을 만드는 인과성의 패턴을 알고 이해할 수 있다는 것이다. 무상에 대한 통찰을 얻음으로써 과정의 변화 가능성을 받아들인다. 괴로움에 대한 통찰을 얻음으로써 그 안에 내재된 만족감의 한계를 인정한다. 나아가 무아에 대한 통찰을 통해 이 모든 것이 실재하지 않는다는 것을 파악함으로써 우리는 현실이 나타날 수 있게 만드는 연결 관계를 이해하게 된다. 상호의존적 발생에 대한 통찰은 모든 것이 서로 연결되어 있다는 것을 보는 데 있지 않고, 모든 것이 어떻게 연결되어 있는지를 보는 것이다. 전통 불교사상에 의하면 마음과 몸 또는 지각과 느낌 또는 탐욕과 무지 같은 특정 요인들은 항상 함께 일어난다. 그리고 선하거나 선하지 않은 생각, 지혜나 무지, 마음챙김이나 집착처럼 (비록 이것들이 빠르게 서로 번갈아가며 나타나지만) 동일한 순간에 결코 함께 발생하지 않는 것들도 있다. 자연스럽게 하나에서 다른 것으로 이어지는 것들도 있는데, 예를 들면 욕망은 움켜쥐도록 이끌고, 의도는 실행하도록 하며, 평온은 집중하도록 이끈다. 그리고 일단 하나가 멈추었을 때, 다른 것들도 완전히 멈출 수 있게 된다. 갈망을 멈추면 집착이 멈춰지고, 집착을 멈추면 잘못된 자아 감각의 구성은 더 이상 일어나지 않게 된다. 나아가 모든 활동의 중심 조직 원리인 자아라는 관념을 어느 순간 구성하지 않게 되면 괴로움의 엔진을 멈출 수 있다. 이러한 관계들을 이해한다면 우리의 명상, 심리학적 이해, 실천방식, 치료법을 잘 이끌 수 있다. 우리가 만들어낸 것들이 사건과 서로 어떤 관련이 있는지를 알 때, 그 지식을 활용하여 우리의 가상 세계를 분해해서는 다른 형태로 조립할 수 있게 된다.

새로운 심리학에 특별한 기여를 하는 상호의존적 발생 사례를 통해, 우리는 느낌과 욕망 사이의 관계를 더욱 자세히 살펴볼 수 있다. 우리가 앞에서 보았듯이, 불교심리학에서는 쾌감과 불쾌감의 정서적 상태인 느낌을 마음과 몸 유기체의 본질적 특징으로 간주한다. 이 느낌이 의식적으로 자각되는지 여부와 상관없이, 매 순간 대상에 대한 경험은 느낌과 함께 일어날 것이다. 즐겁거나 고통스런 느낌에 상응하여, 대상을 좋아하거나 좋아하지 않는 정서적인 반응이나 태도가 일어날 수도 있다. 대체로 대부분 우리들은 이 두 경험을 하나로 합쳐 특정 대상이 좋다거나 싫다고 결론을 내린다.

그러나 사실 우리는 그 대상을 단지 경험하는 것이

며, 좋아하거나 싫어한다는 것은 이에 대해 우리의 심리 반응이 더해진 것이다. 이 차이는 미묘하지만 중요한 의미를 갖는다. 이는 한편으로 '그는 위협적인 사람이다'와 다른 한편으로 '그 사람을 생각하면 나는 위협을 느낀다'의 차이이다. '나는 가치가 없는 사람이다'와 '나는 지금 내가 가치가 없다고 느낀다'의 차이이다. '나는 이렇게 해야만 한다. 왜냐하면 이게 내 방식이기 때문이다'와 다른 한편으로 '나는 이 조건들 때문에 이러하지, 만약 내가 이 조건들을 바꿀 수 있다면 나는 전혀 다르게 바뀔 수 있다'의 차이이다.

이러한 예들은 마음챙김에 기반한 심리학에 크게 도움이 되는 구별인데, 각각은 경험을 자신과 동일시하는 태도와, 관찰하는 입장에서 평정을 유지한 채 경험을 바라보는 태도 간의 차이를 강조하는 데 중점을 둔다.

깨달음覺 AWAKENING

현대 심리학에 대한 비판 중 하나는 건강보다는 질병에 초점을 맞추는 경향이 있다는 것이다. 이 상황은 긍정심리학에 대한 관심이 증가하고, 특히 행복에 대한 관심이 커짐에 따라 변화하고 있다. 나는 여기에도 불교가 기여할 수 있는 바가 있다고 생각한다. 수세기에 걸쳐 전해진 붓다에 대한 정교한 신화적 상징성이 있음에도, 살아생전 열반을 이룬 자신의 깨달음에 대해 붓다가 기술한 내용은 본질적으로 심리적 변화에 대한 묘사이다. 아래 역사 속의 붓다가 깨달음 직후 자신의 성취를 묘사한 게송이 있다.

> 진실로 번뇌의 불을 끈 현자는
> 언제나 평안 속에 머물 수 있다.
> 어떠한 갈망도 그를 침범하지 못하니
> 불길이 꺼진 그에게 더 태울 장작이 없다.
> 모든 집착이 사라지고
> 마음의 고통도 사라진다.
> 고요 속에 지극히 평온하니
> 마음은 평화로운 길을 찾는다.[3]

이 게송은 마음과 행동의 본질을 이해함으로써 지금 여기에서 심오한 웰빙 상태가 성취된다는 것을 보여준다. 열반nirvana이라는 단어는 본래 '꺼진extinguished 상태'를 의미한다. 꺼진 것은 탐욕貪·분노瞋·무지痴****의 불이다. 그렇지만 이 불은 꺼지거나 사라지거나 억제된 것이 아니라, 단지 공급되던 연료가 차단된 것이다. 이것을 원하고 저것을 원하지 않으려

---

**** 역주 : 불교에서는 이 탐진치를 삼독(三毒)이라고 한다. 본문에서는 문맥에 따라 탐욕을 욕망·갈망·집착 등으로, 증오를 분노·혐오·미움 등으로, 무지를 망상·미혹 등으로 옮겼다.

는 심리적 메커니즘이 진정된 후, 수행자는 모든 면에서 휴식 상태이다. 이에 대한 표현은 평온·휴식·편안함·평화와 같은 단어를 사용하면서 게송에서 반복된다. 이러한 상태에서는 욕망이 결코 일어나지 않는 것이 아니라 욕망에 집착하지 않게 된다. 즉, 가질 수 없는 것이나 자신에게 해로운 것을 붙잡고자 노력하지 않는다. 건강한 삶의 발달에 필요한 애착이 결코 일어나지 않는 것이 아니라, 적절한 때 애착이 끊어져 프로이드가 말한 '평범한 인간의 불행'을 넘어서는 것이다. 그리고 자신의 마음에 어떤 문제가 있다고 여기는 것이 아니라, 고통에서 벗어나 지속적인 평화로운 경험으로 삶을 이해함으로써 편안하게 살아가는 것이다.

괴로움의 원인이 가슴 깊이 박힌 탐욕의 가시 때문이라는 것을 확인한 후, 붓다는 가시를 뽑는 방법을 찾아내고 직접 가시를 제거함으로써 어떤 상황에서도 인간이 평화를 찾을 수 있도록 하였다. 가시를 뽑는다는 것은 특별한 은총이나 초월적 존재의 힘을 필요로 하는 마술적인 것이 아니라 오히려 대부분 사람들이 배울 수 있는 것이다. 인간 고통의 원인은 궁극적으로 심리적이므로 치유의 과정 역시 심리적이다. 이것은 어떻게 해서든 온전한 깨달음을 향해 도달하고, 달성할 수 있게 한다.

우리 세대에게 필요한 것은 학문적 지식이나 도구를

자유롭게 사용하여 인간 괴로움의 원인을 연구하고 이해할 수 있도록 하는 것이다. 이는 이론 심리학의 과제로서, 연구·실험·협업 등 다양한 기법을 통해 많은 도움을 받고 있다. 불교의 지혜는 현대의 우리가 사용할 수 있는 도구 중 하나로 도움이 될 만한 가치를 지니고 있다. 아울러 이러한 심리학 지식은 사람들을 돕기 위한 실용적인 이론과 실천방법을 제시할 수 있어야 한다. 따라서 심리학자는 궁극적으로 치료사이며, 자신의 지식을 숙련된 기술을 통해 변화시키고 차별적으로 적용하는 방법을 아는 것에서 시작한다. 모든 형태의 치료에는 인간의 본성을 전반적으로 잘 이해하기, 상호 간에 효과적으로 공감하는 능력을 계발하기 그리고 자신은 물론 다른 사람의 웰빙을 위한 연민을 함양하기 등이 요구된다. 명상 전통들에서도 관련된 많은 것들을 제시하고 있으므로, 우리는 전통에 속한 많은 것들을 활용할 수 있다. 여기에는 마음챙김과 집중력 훈련뿐 아니라 자애·연민·공감이 포함된다.

## 고결성 INTEGRITY

나는 지금까지 제시한 것들에 도덕성 혹은 고결성이라는 단어를 추가하고자 한다. 불교 전통에 의하면 통찰에 대한 심오한 이해는 명상 즉 마음챙김과 집중력의 숙달을 통해서만 접근할 수 있다고 한다. 또한 불교 전통에서는 명상의 통찰력이 건전한 윤리성에서만 나타날 수 있다고 주장한다. 그 이유는 이것이 단순히 문화적인 것이 아니라 바로 의식 자체의 본성에 뿌리를 두고 있기 때문이다.

　의식 흐름의 상태를 면밀히 살펴보면 곧 명료하게 볼 수 있는 능력은 마음의 도덕적 상태에 의해 직접 영향을 받는다는 것이 분명해진다. 예를 들어, 마음이 지각하는 대상을 어느 정도의 애착이나 욕구 충족 차원에서 본다면, 대상을 명료하게 보는 능력은 떨어진다. 혐오나 악의가 있는 경우에도 마찬가지이다. 우리가 눈앞의 관찰 대상에 감정을 이입해서 좋아하거나 좋아하지 않는 마음을 가질 때, 혹은 그 대상을 원하거나 원치 않는 마음을 가질 때, 관찰하는 경험의 질은 실재와는 다르게 변질된다. 마찬가지로 마음이 너무 느리고 둔감하거나, 불안하거나, 이전의 불건전한 행동을 후회하면서 흔들린다면, 현상의 본질을 통찰하는데 필요한 고요한 감수성을 계발할 수 없다. 또한 의심과 불안은 집중의 효과를 저해하고, 집중이 깊어지는 것을 방해한다.

　과학의 모든 실증적 관찰이 그렇듯이 객관성은 중요하다. 그러나 망원경이나 현미경과는 달리, 우리가 직접 행하는 마음챙김의 도움으로 현상을 관찰하는 데 사용하는 도구는, 정서적 편향이나 주관적 정체감 같은 약간의 흔들림에 의해서도 방해받을 수 있다. 관찰 도구인 렌즈처럼 의식은 물체를 시야로 가져오는 단순한 기능을 갖는다. 렌즈의 뛰어난 능력은 눈부심·잔상·불안정·어둠·초점 불일치 등에 의해 크게 방해 받는다. 의식 역시 이런 문제들로 제한적인 영향을 받으며, 마찬가지로 고결성을 가로막는 모든 불건전한 감정도 그러하다.

우리는 명상을 하는 동안 시행착오를 통해 중요한 사실을 깨닫는다. 자신을 관찰하는 도구로서 의식의 특성은 함께 일어나는 마음 요소들의 도덕적 자질에 의해 큰 영향을 받는다.

의식이 가진 타고난 고결성은 개인적으로나 집단적으로 우리 모두에게 매우 바람직한 일이라고 생각한다. 개인의 발달에 있어 도덕성은 이해력이 증대함에 따라 자연스레 높아진다. 우리가 명상을 수행하면서 점차 자신을 분명하게 보게 되면서, 건전하거나 불건전한 생각·말·행위에 대한 경험의 차이를 분별할 수 있는 직관적인 능력 또한 갖게 된다. 고결성, 명상 경험, 이해력이 모두 증진함에 따라 우리는 점차 괴로움에서 벗어나 괴로운 정서를 소멸시키는 방향으로 나아간다.

이러한 점진적 변화 과정은 집단에서는 물론 심지어 글로벌 차원에서도 효과적으로 일어날 수 있다. 명상·내성內省·심리 치유를 통해 알아차림awareness을 계발하는 훈련을 전

세계에 뜻을 같이 하는 많은 사람들과 더불어 탐구하고 확장하고자 노력함으로써, 세계 어디에서건 의식을 규명하는 데 점차 기여하게 될 것이다. 지금까지 설명했듯이 마음챙김이란 칼날 같은 통찰력에 접근할 수 있게 하는 도구이자, 종으로서 진화를 위한 메커니즘이기도 하다. 우리 내면에는 이기심과 다른 사람을 해치려는 원시적인 본능이 있으며, 다른 한편으로 서로를 사랑하고 보호하고 양육하는 이타적 욕구 역시 갖추고 있다. 우리 성격 중 어떤 측면을 강화하거나 약화시킬지를 현명하게 결정하는 자유를 얻기 위해, 우리는 훈련되고 계발될 수 있는 기술skill에 접근하는 방법 또한 지금 배우고 있다.

의식의 본성에 대한 탐구는, 직접적이든 경험적이든 간에 자연스럽게 의식의 성질을 정화시킨다. 이는 우리가 의식을 더 잘 이해할수록 그 과정에서 더 훌륭한 사람이 될 수밖에 없다는 것을 의미한다. 심지어 우리가 살고 있는 세상을 황폐하게 하는 탐욕·분노·무지의 불을 끄는 것이 실제로 가능할 지도 모른다. 이것은 우리가 최고의 시기 혹은 최악의 시기에 접어들지를 결정하는 작업이다.

나는 한 번에 한 사람씩, 나아가 매 순간 사람들의 고통을 마음챙김의 치유력으로 치료함으로써, 마침내 재앙으로부터 벗어나 새로운 희망의 시대를 맞을 기회를 얻을 수 있을 것이라고 확신한다.

그리고 나는 여러분도 자신의 삶에서 마음챙김 수행을 익힌다면, 더 밝은 미래에 대한 희망을 공유하게 되리라 믿는다.

THE BIGGER PCITURE

제 **1** 장 더 큰 그림

# 붓다가 가르친 것

　　한 그루의 나무를 생각해 보자. 우리는 생물학적 또는 화학적 관점에서 그 모양·빛깔·종種 등을 볼 수 있고, 혹은 심미적 관점에서 땅거미 질 무렵 가을 산들바람에 일렁거리는 나무의 잎들을 볼 수도 있다. 이 나무는 다람쥐의 집이자, 곤충 무리와 그 곤충들을 먹고 사는 많은 새들의 보금자리이며, 근처에 있는 집의 기초를 위협하기도 한다. 목수나 보트 제작자에게 이 나무는 특별한 재료이고, 건축 계획이 있는 개발자는 이 나무를 다르게 볼 것이다. 낡은 보드가 있는 열 살짜리 소년은 또 다르게 볼 것이다. 요는 당신이 그것을 어떻게 보느냐에 달려있다.

　　붓다의 가르침에 대한 우리의 이해도 마찬가지이다. 과학자가 나무에 대해 더욱 명확하고 '객관적인' 관점을 갖는다고 생각할 수 있듯이, 종교학자 역시 붓다의 가르침에 어떤 권위를 부여하는 경향이 있다. 그러나 종교학자가 해석학적 쟁점을 잘 이해하고 있고, 역사적 맥락을 폭넓게 인식하여 고대 언어의 뉘앙스를 잘 안다 해도, 모든 의미는 지엽적으로 구성된 것이라는 포스트모더니즘의 핵심 통찰에서 벗어날 수는 없다. 지식이 구성한 온갖 것들은 결국 구성물일 뿐이라는 것이다.

붓다의 가르침에 대한 이해는 그 가르침을 듣고 이해하는 사람들 모두에게 다르게 전달된다. 왜냐하면 각자 그 순간에 일어나는 사건을 다르게 해석하기 때문이다. 여기서 개개인이란 종교학을 공부했거나, 명상수행을 깊이 실천하고 있거나, 정치적 또는 종교적 의식에 전념하고 있거나, 한정된 영역 밖을 사고하는 데 익숙하지 않거나, 이들 모두에 해당될 수 있다. 한 가지 확실한 것은 붓다의 가르침을 이해하려는 모든 사람들은 특정한 관점에서 질문에 접근할 것이라는 점이다. 이런 의미에서 이들 관점 중 어느 것도 붓다의 '진정한' 가르침에 도달할 가능성은 많지 않다.

이는 '모든 것이 상대적'이라서 어떤 것의 의미를 정확하게 이해하고자 노력할만한 가치가 없다고 말하는 것이 아니다. 사실 우리는 자신의 의미 세계가 어떻게 구성되는지에 지대한 관심을 갖는다. 실제로 어떤 면에서는 더 이상 중요하지 않거나 주의를 기울일 가치가 없는 것도 있다. 우리가 자신과 세계를 있는 그대로가 아니라 자기의 망상으로 구성한다면 수많은 괴로움이 뒤따른다. 만약 우리가 편협하게 자신과 세계의 의미를 구성하는 대신 지혜를 통해 있는 그대로 구성한다면, 괴로움에서 벗어나 자유로울 수 있다. 우리가 이를 올바르게 할 수 있도록 돕기 위해 붓다는 어떤 가르침을 남겼는가?

먼저 붓다는 이 문제를 잘 알고 있는 것으로 보인다. 붓다의 일생 동안, 사람들은 그의 가르침을 자주 오해하였으며 무심코 혹은 의도적으로 그의 가르침을 따랐다. "잘못된 견해를 가진 사람이여, 내가 법을 그런 식으로 가르친다고 알고 있었는가?" 붓다는 장애가 실제로 장애가 되지 않는다고 말하는 전직 독수리 사냥꾼인 아리타Arittha[4]와 자신의 의식이 죽음 이후에도 살아남을 것으로 생각하는 전직 어부인 사띠Sati[5]에게 이처럼 말하였다. 붓다의 가르침은 초기부터 '타타가타Tathagata*가 말하지 않은 것을 타타가타가 말했다고 하는 사람들'[6]에 의해 계속해서 오도된 것으로 보인다.

따라서 붓다는 그의 가르침이 어떻게 전달되어야 하는지에 대해 매우 주의를 기울이며 다음과 같이 말하였다. "진정한 다르마가 혼란스럽지 않고 사라지지 않도록 확립하는

....................

* 역주 : 타타가타는 붓다를 지칭하는 다른 표현.

것에는 두 가지가 있습니다. 말과 문구에 얽매이지 말고 그 의미를 정확하게 해석하는 것입니다."[7] 그리고 제자가 붓다의 가르침을 정확하게 전달하고 있는지 의심스러울 때마다 붓다는 "그들의 말과 문구를 신중하게 연구하고 경전과 비교하며, 수행에 비추어 검토해야 합니다."[8]라고 말한다.

이 조언의 앞부분은 역사적 정확성과 비판적 학식이 어느 정도 필요한 상식 수준의 문제이다. 그러나 '의미를 정확하게 해석하는 것'과 '수행에 비추어 검토하는 것'을 말하는 뒷부분은 완전히 별개의 문제이며 또 다른 숙련된 경험을 요한다.

다르마法 dharma는 일어나는 것 혹은 진행 중인 것을 의미한다. 다르마는 현재 순간 마음과 몸을 다시 구성하는 방법에 대한 청사진이므로, 그 의미는 그것이 사용될 때에만 복원될 수 있다. 따라서 붓다가 가르친 것이 무엇인지에 대한 가장 좋은 대답은 텍스트에서가 아니라 우리 자신의 체험에서 찾을 수 있다. 경험 안에서 특별한 방식으로 주의를 기울이는 것이 중요한데 이를 수행하는 방법에 대한 설명을 문헌에서 실제로 찾아볼 수 있다. 그러나 붓다의 가르침의 의미는 한 인간이 변화하는 과정에서 붓다의 지혜가 일어날 때 드러난다.

여러 모순된 견해에 대해 혼란스러워하는 깔라마Kalama 마을 사람들에게 붓다가 설한 유명한 가르침이 있다. "깔라마인들이여 이 일들이 선하다는 것을⋯이 일들을 시작하고 실행할 때, 안녕과 행복으로 향한다는 것을 그대들 스스로 알 때, 그대로 받아들이고 거기 머물도록 하십시오."[9]

붓다의 가르침인지를 구별하는 가장 좋은 방법은 붓다의 가르침 그대로 하는 것이다. 뗏목을 잘 만들어 부지런히 반대편으로 노를 저어 괴로움의 강을 건넌 후, 진정으로 아는 사람이 되는 것이다.

# 유기체적 영성

우리는 영적 문제들을 우리보다 거대한 '다른' 존재 혹은 '외부'와의 관계 속에서 파악하고자 하는 서구사상에 익숙해져 있다. 이 사상에서는 최선의 경우 우리가 아름답고 지혜로우며 무조건 우리를 사랑하라고 한다. 최악의 경우 강력하고 무서우며 우리를 가혹하게 비판하거나 심하게 해치기도 한다. 어떤 사람들은 계시가 담긴 텍스트, 예언자의 가르침 혹은 이 기반 위에 세워진 전통체계를 통해 그 사실을 접하게 된다. 어떤 사람들은 영적 문제를 직관적으로 경험하기도 하고, 비일상적 경험의 상태에서 알게되거나, 지혜롭고 믿을만한 연장자로부터 배우게 된다. '다른 것을 신성시하는' 이 모형에는 다양한 형태와 유형이 있으며 서구 세계에서 지배적인 종교 패러다임을 형성한다.

고대 인도에서는 인더스강과 갠지스강을 중심으로 영

성에 대한 매우 다른 접근방식이 존재했다. 이 문화에서는 '다른 존재'와의 관계를 구축하는 대신 자신을 이해하고 정화하며, 기도와 제례祭禮보다 명상과 금욕주의를 강조함으로써 외향적이 아니라 내향적으로 돌리는 것과 밀접한 연관이 있었다. 체험lived experience으로부터 출발하는 영성에 대한 대안적이고 유기체적 접근법의 옛 모습은 요가·자이나교·불교·힌두교의 전통에서 여전히 발견된다. 이 문화는 다른 지역에서 들여온 것이 아니라 이 지역 고유의 것이며, 고대와 현대의 서구의 영향력과 무관하게 대부분 뚜렷하게 드러나 있지 않다.

기원전 4세기 알렉산더Alexander 왕이 인도를 침략하기 최소 1,000년 전에 서구 종교가 북인도에 전해졌다. 기원전 2,000년대에는 아리아인Aryan들이 카이버 고개Khyber Pass를 넘어 인더스강 유역에 정착한 후 토착 문화를 전복하였고, 그 결과 이 지역에는 세습 제사장, 신성한 진리의 계시, 천신sky gods을 위한 희생제* 등을 포함하는 전통이 전파되었다. 이 시기에는 지역 특유의 자신을 성찰하는 전통이 암암리에 베다Vedic 전통에 영향을 미쳤고, 이후 베다 전통은 수세기에 걸쳐 인도의 주류 문화가 되었다. 인도-유럽의 베다 전통에서는 숲속 요가 수행자들로부터 영향을 받은 우파니샤드Upanishad를

---

* 역주 : 동물을 제물로 바치는 의식.

혁신적으로 수용하여 브라만 계층으로 받아들였으며 그 결과 자기성찰을 중시하는 고대의 사유방식이 자리를 잡았다. 뒤를 이어 힌두교는 유입된 서구 전통과 토착민의 인도 전통을 혼합하여 핵심 교리로 하였다.

붓다가 자신의 교법Dharma을 선포한 이후 좀 더 중대한 변화가 일어났다. 붓다는 숲속에서 극한의 금욕적 명상을 하였고 마음을 근본적으로 정화시켜 깊은 깨달음을 성취하였다. 이후 붓다의 가르침은 널리 퍼져나가 정통 베다 문화에 철저히 도전했다. 기원전 3세기경 불교도인 위대한 아쇼카Ashoka 대왕 당시 불교가 브라만 전통을 완전히 대체할 수 있을 것처럼 보였지만, 아쇼카 제국의 붕괴와 반복되는 전쟁의 여파로 인해 힌두교는 점차 인도의 정신 지형에서 지배적인 위치를 되찾을 수 있었다. 불교는 민중으로부터 외면되었을 뿐 아니라 지배적인 종교 패러다임의 일부로 서서히 재편되어 주류에 흡수되었다. 붓다는 오늘날 인도에서 비슈누Vishnu의 화신으로 간주되며, 동물 희생을 중단하고 채식주의자가 되도록 힌두교도들을 선하게 가르치기 위해 세상에 보내졌다고 한다. 심지어 오늘날에도 불교의 가르침은 '근원적 완전성', '비이원성非二元性의 자각', '본질적으로 깨어있는 내적 본성'이라는 힌두교 용어로도 쓰이기도 한다.

붓다가 평생 가르친 유기체적 영성의 주요한 특징은

무엇인가? 우선 붓다의 가르침은 근본적으로 경험적이다. 우리가 흔들림 없이 집중하면서 현재 이 순간에 대해 직접 알아차릴 때, 스스로 무엇을 보고 느끼고 알게 되는가? 외부로부터 받아들인 지식은 우리의 정신 깊은 곳에서 투사된 환상으로 가득 차 있다. 인더스와 갠지스강 유역의 성자들에 의하면, 단지 체험의 내적 상태와 미묘한 느낌을 탐구하는 것만으로도 유용하고 진실한 지혜를 발견할 수 있는 것이다.

두려움 없는 정직한 성찰은 곧 인간 상황이 처한 근본적인 결함을 드러낼 것이다. 이것이 괴로움의 고결한 진리苦聖諦이다. 마음과 몸은 장애·애로·긴장·고통의 느낌들로 가득하며, 또한 이기적이고 상처받고 착각하는 심리 상태가 일어나는 근원이기도 하다. 마음의 알아차림 능력인 '앎knowing', 즉 의식의 흐름 속에서 방울방울 떨어져 일어났다 사라지는 '앎'이란, 그러한 내적 번뇌들로 인해 끊임없이 방해받고·속박받고·도취되고·가려진다. 정신적 유기체는 순간순간의 호흡 사이에 이러한 혼란을 해결하고, 매듭을 풀고, 불건전하고 건강치 못한 속박의 그물에서 마음을 해방시킨다. 조심스럽게 내면 수행을 하게 되면 지혜를 통해 마음이 자유로워지는 보상을 받는다. 또한 알아차림의 잠재력이 방해나 한계 없이 완전히 일깨워져 놀랄만한 마음의 변화가 있게 된다.

이 해탈의 과학을 자세히 다루는 많은 저술이 있다. 즉

이 문헌들에서는 무상·괴로움·무아를 설명하고, 심신 유기체를 감각 영역sense sphere, 오온五蘊** 등의 요소로 분석한다. 또한 상호의존적 발생·소멸의 미세한 작용과, 내적 상태를 탐구함으로써 발견하게 되는 놀라운 영역 등을 다루고 있다. 그러나 이 고대 영성의 핵심 내용은 인간 경험의 세계란, 개개인의 마음과 몸이 본능적 패턴으로 매 순간 만들어 낸 '가상' 세계라는 것이다.

마음과 몸은 세계가 자연스럽게 표현되는 곳이다. 우리의 괴로움은 자연스러운 것이고, 괴로움으로부터의 해방도 자연스러운 것이다. '다른 신성한 것'이란 '영원'·'자아'·'아름다움'의 개념과 마찬가지로 구성된 가상의 것이다. 이들이 '존재하지 않는다'거나 중요한 의미의 원천이 될 수 없다는 뜻이 아니다. 인도-유럽 종교에서 당연하게 여기는 것처럼 '외부'에 있지 않다는 것이다. 오히려 이들은 인간이 구성하는 다른 것처럼, 욕망을 일으키는 동일한 내부 메커니즘에 의해 투영된 것이다.

붓다의 동시대 브라만들은 지배적 패러다임에 대응되는 이 급진적 대안을 오해했으며, 그 후손들은 수세기 동안 본의를 제대로 전달하지 못했다. 지금도 인도-유럽 정신 전통

........................
** 역주 : 색(色)·수(受)·상(想)·행(行)·식(識)을 말함.

의 현대 계승자들 역시 이를 계속해서 간과하고 있다는 것은 놀라운 일이 아니다.

　　하지만 붓다의 가르침은 자신의 외부나 신神을 바라보는 대신 자기의 내면을 들여다보고자 하는 사람들에게 인간 상황에 대한 근본적 관점을 지속해서 제시하고 있다.

# 행복을 추구하지 않기

행복을 얻으려는 방법에는 근본적으로 서로 다른 두 접근 방식이 있다. 하나는 우리 문명에 깊숙이 뿌리박혀 있어서 대부분이 이를 지지한다. 다른 하나는 2,500년 전 붓다가 제안한 근본적으로 다른 견해이다. 둘 중 어떤 접근 방식이 우리 자신의 행복에 더 많이 기여할 수 있을까? 나는 붓다 쪽에 걸겠다.

나는 현대과학의 시스템 이론이 거둔 많은 성과에 따라, 행복에 대한 기본 정의를 제시하는 것에서 시작하고자 한다. 유기체란 <sup>(생태적·생물학적·사회적·심리적·정치적 등)</sup> 다른 시스템 안에 있는 독자적 기능을 가진 시스템이다. 모든 유기체의 내부와 외부, 즉 유기체와 환경 사이에는 일종의 막이나 경계가 있다. 시스템이 건강한 웰빙 상태를 인간의 입장에서는 이른바 행복으로 부르는데, 이는 내부 및 외부의 균형 상태로 정의될 수 있다. 예를 들어, 내부 온도가 주위의 물 온도와 일치하는 아메바는 건강하다고 할 수 있다. 우리는 심지어 아메바가 행복하다고 의인화하여 표현할 수도 있다. 그러나 갑자기 물의 온도가 내려가면, 아메바의 쾌적한 상태와 현재 경험하고 있는 상태 간에 불일치가 생긴다. 인간에게 있어 이러한 불편한 긴장감은 불행이라고 불리며, 이는 불균형이 해소되기를 갈망하는 욕구 즉 욕망으로 나타난다.

우리가 행복하기 위한 두 가지 전략이 있는데, 하나는 외부 환경을 변화시켜 유기체의 욕구(또는 욕망)를 충족시키는 것이고 다른 하나는 내부 상태를 변화시켜 환경에 적응하는 것이다. 우리는 자신의 욕구를 충족하기 위해 세상을 변화시키거나, 세상에 적응하기 위해 욕망을 변화시킬 수 있다. 욕망의 동요를 없애는 두 가지 전략이 있는데, 하나는 욕망을 만족시키는 것이고 다른 하나는 포기하는 것이다.

인간이라는 심신psychophysical 유기체에서 일반적으로 6가지 감각*이 각 대상을 쾌락의 느낌으로 경험할 때 욕망이 만족되는 것으로 본다. 물론 우리 모두는 그 순간이 항상 지속될 수 없다는 것을 알고 있지만, 이 사실이 주요 억제책으로 보이지는 않는다. 비록 우리가 항상 모든 감각을 만족시킬 수

........................

* 역주 : 안(眼)·이(耳)·비(鼻)·설(舌)·신(身)·의(意).

없을지라도, 때로 그 감각 중 일부를 만족시키는 것은 여전히 적절하다고 받아들인다. 사실 우리 문화 전체가 이를 강화하고 있고, 우리 역시 자신의 욕망을 성공적으로 충족시키는 범위 내에서 자신을 표현하도록 끊임없이 격려된다.

우리의 욕망을 충족시키기 위해 세상을 변화시키려는 충동은 궁극적으로 사물들의 존재 방식에 대한 생각에 근거를 두고 있으며, 이는 그 자체로 우리가 매 순간 가질 수 있는 지혜의 정도에 달려 있다. 우리는 세상을 좀 더 좋게 변화시키기 위해 수많은 이타적인 이상향을 말할 수 있지만, 한쪽에서 만족할지라도 다른 쪽에서는 큰 문제를 일으킬 수 있다. 문제는, 어떤 욕망이 다른 욕망보다 더 가치가 있거나 없다기보다는 욕망 그 자체의 본질에 있다.

우리는 외부를 끊임없이 변화시켜 행복을 추구해야 한다는 생각에 깊이 빠져 있기 때문에, 내면의 행복을 말하는 붓다의 설법을 이상하게 여길 수도 있다. 그는 우리에게 두카 dukkha 또는 괴로움이라고 하는 피할 수 없는 불균형상태가 있다는 것을 인정했지만, 또한 우리가 괴로움의 내부 원인을 찾아내 이해하고 이에 적응함으로써 문제를 해결할 것을 제안했다. 붓다의 분석에 따르면, 불행의 근원은 내적 조건과 외적 조건 사이의 객관적인 불일치가 아니라, 외부 상황이 바뀌기를 원하는 (경우에 따라 변하지 않기를 바라는) 욕망으로서 그 자체가 하나의 내적 상태인 것이다. 세상의 상황은 매우 불안정하며 우리의 통제에서 벗어난 외적 힘에 좌우되는 한편 내적 욕망은 좀 더 친밀하고 접근하기 쉽다. 단순히 말해 세상을 변화시키는 것보다 우리가 적응하는 것이 좀 더 효율적이다.

　　욕망의 창조자인 마음은 외부를 잘 변화시켜서 얻어지는 만족 그 이상을 항상 원하기 때문에 더욱 그러하다. 비록 우리가 외부에 있는 것들을 자신이 원하는 방식으로 잘 처리한다 해도 근본적으로 완벽하게 할 수는 없다(아쉽지만 인정해야 한다). 왜냐하면 우리의 욕망은 항상 변화하고, 종종 모순되기도 하며, 원하는 마음의 속도를 외부 환경의 변화가 절대 따라갈 수 없기 때문이다. 행복을 위한 전략으로써 욕망을 만족시키고자 하는 것은 항상 불행한 일이 될 것이다.

　　명상할 때 우리는 주관적인 마음과 몸의 상태를 지속해서 모니터링한다. 시각·소리·냄새·맛·신체감각·정신현상과 같은 모든 감각적 경험은 앎의 순간들로 나타난다. 우리는 물리적인 몸, 즐거움과 고통의 느낌, 다양한 종류의 지각·기질·활동·의도 등을 인식하며, 심지어 알고 있다는 그 사실도 인식한다. 그리고 모든 과정을 거치며 우리의 경험은 사물들이 이러저러해야 하고 이러저러해서는 결코 안 된다고 하는 마음의 미세한 욕구들로 엮어진다. 명상수행에서는 순간순간이 욕망이 지나가도록 하고, 있는 그대로의 세계에 내맡기기를 연습한다. 자연스럽게 한순간과 연이은 다음 순간에 적응해 나간다.

경험에 대한 이 내적인 반응은 우리 자신과 세계 사이의 평형 상태를 다시 확립한다. 미세한 욕망들이 나타날 때마다 그 욕망이 그냥 지나가게 하면서 멈춘 채로 편안하게 휴식한다. 이런 방식으로 행복은 추구하거나 달성하기 위해 노력하는 것에 있지 않고 오히려 그 과정에서 저절로 발견되고 나타난다. 욕망에 의해 만들어진 긴장감의 바닥 어딘가에 행복이 놓여있는 것이다.

붓다는 종종 감각적 쾌락을 초월한 절정의 행복감에 관해 이야기했다. 그러나 이것은 아마도 가끔 경험하는 소중한 순간이지, 우리 대부분이 살아가는 세계는 아니다. 극도의 욕망으로 만들어진 바쁜 세상에서 밀고 당기며 산다는 것은 무엇인가? 우리는 어떻게 붓다가 제시한 고대의 대안적 지혜를 가지고 이 세상을 살아갈 것인가?

전통적으로 제시되는 변화의 길은 점진적이며, 습관들을 자연스럽게 다른 것으로 바꾸는 길이다. 우리 대부분은 우리를 만들어낸 세계의 산물이라서 자신의 욕구를 충족시키기 위해 세계를 변화시키려는 내적 태도를 완전히 포기할 수는 없다. 물론 개인이 심리적으로 적응하는 전략은 우리에게 명백히 해를 끼치거나 정의롭지 않은 일들을 변화시키기 위해 행동할 필요성까지 없어지는 않는다. 그러나 나는 처음의 예상과는 다르게 변화를 추구하는 대신 적응할 기회들이 훨씬 더 많다고 생각한다. 그리고 우리가 그 요령을 터득함에 따라 다른 기회들도 나타날 것이다.

　세상을 바꾸려고 끊임없이 노력하는 대신 자신을 조금이라도 더 변화시키기 위해 노력해보자. 나는 이렇게 함으로써 우리가 장기적으로 더 행복해질 것이라는 붓다의 약속을 믿는다.

# 코페르니쿠스 혁명 이후

사람들은 순진하게도 지구가 우주 중심에 있고, 태양과 별들이 우리 주위를 돈다고 생각했다. 이때 코페르니쿠스Copernicus가 등장해서 지구가 태양 주위를 돈다고 하는, 직관에 철저히 반대되는 진리를 선언했다. 그 결과 마치 우리가 자신의 밖에 있으면서 육체에서 벗어난 관점을 가지듯이, 객관적인 입장에서 사물의 이치를 연구하고자 하는 과학 혁명이 일어났다. 이런 식으로 객관주의자들의 이야기가 시작되는데, 이들은 우리가 갖는 관점이 실재를 왜곡하는 혼란스럽고 주관적인 환상들로 인해 뒤죽박죽되지는 않는다고 말한다.

지난 수세기 동안 객관적인 과학은 순항해왔지만, 포스트모던적 이해에서는 그 관점을 우리가 출발한 곳, 즉 세계의 중심점으로 되돌린다. 이에 의하면 세계에 대한 '객관적'

관점은 사고실험*의 경우를 제외하고는 지속될 수 없다는 것이다. 좋든 싫든 우리는 세상 속에서 살아가고 있다. 모든 견해는 어떤 입장에 기반한 견해이며, 우리가 서있는 출발점이 우리가 보는 것에 큰 차이를 만들어낸다는 사실이 계속 밝혀지고 있다.

불교도들은 오래전에 이것을 깨달았다. 그들은 외부에서 안으로가 아니라, 안에서 외부로 향하는 관점을 갖는다. 빅뱅 이후 성단星團의 응축·원시 수프**의 배합·아메바의 발생·디지털 시계의 개발에 이르기까지, 우리는 이에 대한 거창한 설명에 익숙해 있으며, 개인적으로 어떻게 우리가 이것들과 어울리는지를 묘사하기 위해 애쓰고 있다. 인도 고대의 명상 전통은 현상에 대한 의식의 경험(알아차리는 능력)에서 시작되었고, 이로부터 존재의 모형을 만들었다. 그들이 이해한 관점은 현대의 인지과학과 신경과학에서도 잘 알려진 것인데, 개개인의 마음과 신체 시스템은 순간순간 작용을 종합하여 의미를 구성한다는 것이다. 다시 말해, 우리 모두는 매 순간 자신을 위해 만들어낸 가상세계의 중심에 정확히 위치하고 있다.

이것이 함축하는 의미는 놀랍지만, 먼저 몇 가지 오해

........................

* 역주 : 사물의 실체나 개념을 이해하기 위해 머릿속에서 가상의 시나리오를 이용해서 하는 실험.
** 역주 : 원시지구에서 생명체가 태동한 바다를 말한다.

를 다루어보자. 불교도의 관점은 자기 자신의 외부에 아무것도 존재하지 않는다거나 또는 자신이 마음먹은 대로 모든 물리적 우주를 만들어낸다는 유아론적唯我論的 관념론이 아니다. 또한 자신이 사물들을 통제할 수 있는 엄청난 힘을 가지고 있다거나, 심지어 가장 중요한 존재라는 것을 의미하지도 않는다. 또한 다른 사람이 중요하지 않다거나, 쾌락의 추구와 고통의 회피가 우주의 참된 목적이라고도 말하지 않는다. 누군가가 어쩌다 이렇게 생각한다면 짐짓 모르는척 하며 눈감아 줄 수는 있겠지만, 이 견해 중 어느 것도 지속적인 웰빙에 도움이 되지 않는다. 또한 우리는 다른 식으로 잘못된 결론을 내리지 않도록 주의해야 한다. 즉, 우리의 삶이 항상 불합리하다거나, 무의미하다거나, 본질적 가치가 없다는 게 아니다. 예컨대 자신이 초월적 실재와 무관하다거나 혹은 다른 사람이 만들어준 아젠다가 없다면, 자신의 삶은 아무 의미가 없다는 것이 결코 아니다.

우리가 세계의 중심에 있다고 하는 붓다의 가르침이 함축하는 의미는 우리에게 그 모든 것이 펼쳐지는 방식에 영향을 줄 자유와 책임이 있다는 것이다. 우리 경험의 세계가 돌아가는 중심점은 특정 순간 특정 신체에 일어나는 의식적인 알아차림이 만나는 지점이다. 의식의 에피소드는 점화 플러그가 발화하듯 되풀이해서 일어난다. 이때 감각대상과 감각기관 및 지각·느낌·태도가 상호작용하여 이 에피소드의 의미를 힐끗 볼 수 있도록 한다. 힐끗 본 의미들은 의식의 흐름 속에서 함께 얽히면서, 일관된 서사적 관점이 펼쳐지게 되는 것이다.

이 과정의 메커니즘은 대부분 본능적이지만, 다행히도 우리는 그 가장 중요한 부분에 직접 접근할 수 있다. 우리는 일어나는 모든 일에 주의를 기울일 수 있는 권한이 있으며, 마음챙김을 통한 알아차림으로 일어나는 일들을 명료하게 비출 수 있다. 우리는 세계의 중심에 있기 때문에, 두루 살펴 볼 수 있는 아주 좋은 자리를 차지하고 있다. 모든 것은 우리를 통과하고 우리 주변을 흘러가며, 우리를 위해, 우리에 의해 일어난다. 그리고 현상이 일어났다 사라지는 세밀한 과정에 의도를 가지고 진지하게 참여하고자 할 때, 초월적 경험이 일어날 수 있다. 객관적으로 봤을 때 개인 의식의 근원은 우주의 다른 장엄함과 비교할 때 대수롭지 않을 수도 있다. 그럼에도 직접적인 알아차림을 가지고 주관적으로 접근할 때 다른 모든 것보다 대단한 것이 될 수 있다.

붓다는 태양 주위를 도는 지구처럼, 우리도 외부 환경에 의해 제한받는다는 사실을 인정하고 그 한계를 넘어설 것을 제안한다. 그리고 우리 존재의 중심이 되는 근원을 받아들이라고 말한다. 매 순간 우리에게 다가오는 것들을 알아차리

고, 이들에 대해 건강하고 이타적인 의도를 가지고 대응한다
면, 우리는 지금 이 순간 무한히 밝아지게 될 것이다.

CARING FOR THE WORLD

제2장  세상을 보살피기

# 서로를 보살피기

어느 날 붓다가 승려들의 거처를 거닐던 중, 이질이 심한 상태로 자신의 배설물 가운데 누워있는 승려를 보았다. 붓다는 그에게 왜 누구도 돌봐주지 않는지를 물었는데, 그는 자신이 다른 승려들에게 쓸모가 없어서 병을 혼자 치료하도록 남겨졌다고 대답했다. 붓다는 즉시 시자侍者인 아난Ananda에게 물 한 그릇을 가져오게 하고, 함께 환자를 씻은 후 침상 위에 눕혔다. 이후 붓다는 공동체의 모든 승려들을 불러 모아 왜 이 승려가 고통 속에 방치되었는지를 물었다. 그는 똑같은 대답을 들었다. "그는 우리에게 쓸모가 없습니다, 부처님이시여."[10]

"그대들은 더 이상 자신을 돌봐 줄 어머니나 아버지가 없다."고 붓다는 말했다. "그대들이 서로를 돌보지 않는다면 누가 그대들을 돌보겠느냐?" 붓다는 이 사건을 계기로 승가

공동체 규율 중 하나로서 승려들이 아플 때 서로를 보살피도록 정했다. 이것은 붓다의 자비로운 모습을 보여주는 가슴 아픈 이야기로 빨리어 문헌에서 좀처럼 찾아보기 어려운 일화이다. 나는 이 에피소드가 오늘날 우리 모두가 처한 상황에 대한 이야기이며, 우리가 어떻게 어려움에서 벗어날 수 있을지에 대한 영감과 지침을 주는 매우 중요한 일화라고 생각한다.

확실히 현재 우리가 직면하고 있는 주된 문제 중 하나는 종種으로서의 인간이 지구라는 행성에서 자기 배설물 속에 누워 있다는 것이다. 쓰레기 잔해에서부터 화학물질과 새롭게 나타나는 독소까지, 소비된 모든 폐기물이 흘러나와 우리가 살고 있는 환경을 오염시키고 있다. 그리고 붓다가 세계에 대해 말씀하신 내용, 즉 "아무 이유 없이 일어나는 일은 없다."는 것은 분명히 여기에도 적용된다. 우연히 일어났거나 신의 의지에 의해 일어난 것이 아니라, 사람들이 행동하여 특정한 결과를 일으켰기 때문에 사물은 그렇게 존재한다. 우리가 사는 세계는 우리 자신의 행위가 만든 결과물이자 우리 마음이 직접 반영된 것이다.

초기 불교 공동체와 마찬가지로 우리도 혼자 살아갈 수 있을 것이다. 더 큰 의미에서 붓다는 현대를 사는 우리 또한 돌봐줄 어머니와 아버지가 없다고 말했던 것이다. 한때 우리가 저지른 어떠한 잘못조차 모두 용서하고 받아들일 수 있다고 생각했던 어머니 지구Mother Earth는 더 이상 무한히 자비로운 자원은 아니며 우리의 천대로 인해 파괴될 수 있다. 그리고 아마도 (불교도의 관점에서 볼 때) 매우 오래된, 여러 신들devas의 주인인 천국에 계신 우리 아버지Farther는 까르마 법칙의 지배를 받아 세상 꼭대기에 위치한 자신의 자리에서 언젠가는 마침내 물러날 것이다. 결국 신은 우리를 위해 모든 일을 주도할 만큼 전능하지 못하다.

만약 우리가 서로를 돌보지 않으면 누가 우리를 돌보겠는가? 우리 중 누가 다른 사람을 향해 "그는 쓸모가 없다."고 말할 권리가 있는가? 좋든 나쁘든, 우리가 좋아하든 싫어하든 간에 우리 모두는 함께 살아간다. 서로를 돌보는 법을 배우는 것이 인생행로와 수행의 핵심이다.

붓다는 승려들이 서로를 돌보도록 계율을 정함으로써 먼저 병든 승려의 선배에게, 다음으로 스승에게, 마지막으로 모든 동료들에게 책임을 지웠다. 이를 현재의 세속적인 공동체에 맞게 적용할 수 있다. 먼저 우리 사회를 지휘할 권한이 있는 선출직 공무원을 향해 현재의 혼란을 청산하고 우리 자신을 보살피는 일에 책임을 지라고 말할 수도 있다. 그러나 이것이 부적절하다고 판단되면 우리를 이끌어나갈 영향력 있는 다른 사람들에게 책임을 지라고 할 수 있다. 만약 이들도 할 수 없다면, 한 사람 한 사람이 나서서 개인적으로 도움을 줄 수도 있을 것이다. 의무를 피해 갈 사람은 아무도 없다.

이질로 인한 오염은 맑은 물로 씻어낸다. 인간이 내뿜는 탐욕·분노·무지의 독소는 관용·친절·지혜로 정화시킨다. 일단 우리가 더러움에서 벗어나 깨끗하고 정결하게 되면 치유의 과정을 점차 시작할 수 있다. 의사 역할로서 붓다는 네 가지 고결한 진리四聖諦를 통한 치유 방법을 제시했다. 증상을 파악하고, 원인을 이해하고, 지식을 활용해서 그 원인을 대응·제거하고, 치료에 효과적인 자세한 처방을 성실히 따르는 것이다.

그러나 무엇보다도 우리가 약을 먹을 때만 치료할 수 있다. 우리가 다르마의 약으로 서로를 치료해주고, 기운을 돋우고, 각자의 고통에 자비심을 보이면 어떻겠는가? 우리가 특별히 좋아하지 않거나 이해하기 힘든 사람들에게, 심지어 우리에게 '아무런 쓸모가 없는' 사람들에게도 기꺼이 그렇게 하면 어떻겠는가?

# 세상의 상처를 치유하기

오늘날 많은 사람들은 안전을 중요시하고 있다. 어떻게 하면 자신의 가족과 국가를 안전하게 지키는 것이 제일 나은 방법인지를 고민한다. 현대의 많은 위험이 중동과 서남아시아에 집중되어 있기 때문에, 우리가 이 지역의 사건에 대해 접하는 대부분의 관점은 이슬람교, 유대교, 기독교의 시각이다. 이에 대해서는 다른 위대한 세계 종교의 하나인 불교의 입장을 들어보는 것도 아마 도움이 될 것이다. 세계의 분쟁 지역에서 안전과 안보를 달성하는 방법에 대한 불교의 견해는 무엇이며, 나아가 우리 공동체에 맞게 어떻게 더 잘 적용할 수 있을까?

불교 전통이 강조하는 것 중 하나는 모든 사물의 상호 의존성이다. 우리가 사는 세계는 지구·공기·불·물의 자연 시스템, 동식물의 생명 시스템, 인간의 사회·정치·경제 시스템

등 상호 연관된 시스템의 방대한 네트워크이다. 이 세계에서 모든 행위는 광범위한 영향을 미친다. 어떤 행위는 종종 즉각적으로 나타나는 것 이상으로 많은 영향을 미친다. 특히 폭력 행위가 그러한데, 폭력은 대개 고의의 피해자는 물론 가해자나 무고한 방관자들에게도 해를 끼치기 때문이다.

어느 아침, 붓다가 맨발로 걸어가는데 땅·하늘·동서남북 여섯 방향을 향해 공양물을 뿌리며 수호 진언mantra을 중얼거리는 젊은이와 마주쳤다. "진언이 어떻게 당신을 지켜줄 것이라 생각하는가?" 붓다가 젊은이에게 물었다. "나는 이것을 부친에게서 배웠습니다."라고 그는 대답했다. 붓다는 "항상 그래왔던 일이다. 들어보라. 나는 그대에게 각 방향이 정말로 안전하고 위험이 없는지 확인하는 방법을 알려주겠다."라고 말했다.

붓다는 이어서 진정한 안전은 개개인이 속한 사회적 관계의 네트워크를 함양하고 육성하는 데서 오는 것이라고 말한다.[11] 자신의 부모가 동쪽에 있는 것처럼 돌보고 지원하고 존중한다면, 마찬가지로 자녀들도 자신을 돌보고 지원하며 존중할 것이다. 자신의 부인이나 남편이 서쪽에 있고, 스승과 상급자가 남쪽, 친구와 동료들이 북쪽, 일꾼과 부하들이 아래쪽에, 영적 스승이 위쪽에 있는 것처럼 여겨 서로를 지원하고 존중한다면, 비슷하게 상호 반응을 일으켜 자신의 공동체 전체를 연결하는 사회적 유대감이 강화될 것이다.

예컨대 배우자를 친절하고 관대하고 정직하게 대하면 이혼이나 악감정의 혼란에서 벗어나는 가장 좋은 보호책이 된다. 직원들을 공평하게 대우하고 노동의 결실을 공정하게 나눈다면, 이는 그들의 충성심과 협력을 장려하는 최선의 방법이 될 것이다. 사랑과 헌신으로 자녀들을 돌본다면, 결국 당신이 필요로 할 때 그들이 당신을 돌볼 가능성이 높다.

하지만 우리를 위협하는 사람들에게는 어떠한가? 위에서 말한 기본 원칙을 테러 공격에 대한 대응으로 어떻게 적용할 수 있는가? 좀 더 근본적이고 지속적인 안전은 현재 해를 끼치고 적대자로 간주되는 사람들과의 관계에 점차 변화를 주는 데서 비롯한다. 적을 친구로 바꾸는 것은 더 많은 폭력으로 폭력에 맞서는 것보다 우리를 보호하는 확실한 방법이다.

역사에는 사람·민족·문화·국가 간 관계변화와 같은 복잡한 소용돌이가 기록된다. 새로운 적대 행위를 시작해야할 이유를 항상 대면서, 우리는 모든 적대 행위의 발발을 정당화할 수 있다. 그러나 과거에 있던 모든 갈등이 결국 치유되어 왔듯이 오늘날 일어나는 모든 싸움도 언젠가는 역사의 유물이 될 것이다. 이전까지만 해도 미국은 소련으로부터 엄청난 위협을 받고 있었으나 현재는 러시아와 그 위성국가를 친구나 동맹국으로 여기고 있다. 우리가 새롭게 발견한 안보는 핵 보유에서 오는 것이 아니라 이전 적대국과의 관계 변화에서 비롯된 것이다. 불교의 관점에서 볼 때, 만들어진 고유한 성질 안에는 본질적 자아가 없듯이, 한 시대의 특정한 역사적 상황을 벗어나서는 투쟁·갈등·경쟁도 없다. 이런 관점에서 볼 때, 적국敵國이란 없으며 화해의 과정이 아직 시작되지 않은 국가들만 있는 것이다.

때로 화해에 필요한 조건으로 정권교체나 다른 극적인 변화가 포함된다. 그러나 변화는 불가피한 것이며, 대부분의 경우 치유로 이끄는 변화는 자연적 진화에 의해 발생한다. 폭력적 수단으로 변화를 이끌어내면 전쟁이 뒤따르며, 그 참화는 막대한 피해를 초래할 것이다. 단절된 관계 회복을 위한 섣부른 시도 역시 분쟁지역에 긴장을 초래해 우리에게 또다른 상처를 입히게 될 것이다. 그리고 이것은 더 이상 우리의 안전을 보장하지 못할 뿐 아니라 오히려 예상치 못한 위험에 노출시킨다.

이해 당사자들끼리의 관계가 모든 면에서 정직하고, 정당할 때 국가는 테러로부터 안전하다. 붓다가 브라만 청년들에게 말했듯이, 안전이란 다른 사람들을 자극하거나 도발하는 대신 우리의 태도와 정책을 그들에게 도움이 되는 행동으로 조정하는 데서 비롯된다. 이것은 모든 경우에 적용되는 원칙이다. 관계의 변화를 구축하는 데서 오는 치유는 크게 과거의 적국敵國들, 개발도상국들뿐 아니라 작게는 감옥의 수감자, 우리 주변의 소외 계층들을 배제하지 않을 때 일어날 수 있다.

동시대 리더십의 한 가지 추세는 지난날 간절했던 기도는 우물쭈물하며 뒷전으로 미룬 채, 살기 띤 전운만을 부추기는 듯하다. 이는 장기적으로 전 세계가 직면한 위험을 증가시킬 뿐이다. 우리는 더 현명한 방법으로 노력해야 한다.

그러려면 동서남북 사방을 향해서 뿐만 아니라, 우리보다 못한 이들이 있는 가장 낮은 곳과 우리가 추구하는 가치와 지향점이 있는 가장 높은 곳을 향해서도 부단한 노력을 기울여야 한다. 서로를 해치려는 선하지 않은不善 의도에서 벗어나려면 우리가 간직하고 있는 소중한 원칙을 체화하는 수밖에 없다.

그리고 우리 모두가 궁극적으로 안전하고 두려움에서 벗어날 수 있게 되는 길은, 단지 적을 만들지 않는 데서 비롯한다.

# 전쟁과 평화

먼저 나쁜 소식이다. 우리가 이 행성에서 만들어 내는 혼란은 우리 자신의 탐욕·분노·무지로부터 기인한다. 노화·죽음·질병으로 인한 실존적 고통을 제외하고 인간의 불행·부정·고통·아픔으로 여겨지는 사례들을 조사해 보면, 이것이 몇몇 혹은 다수의 사람들의 집착·혐오·무지에 뿌리를 두고 있음을 알게 된다. 인간은 스스로 자신의 경험 세계를 구축하므로, 나쁘게 행동하고 말하고 생각한다면 고통스러운 세상 속에 살게 된다.

이제 좋은 소식이다. 선하지 못한 인간행동의 뿌리에는 이와 대응하는 선한 뿌리가 있다. 관용과 금욕은 탐욕의 반대이며, 친절과 연민은 분노의 대안이며, 지혜는 무지와 망상에 대한 해독제로서 우리가 쉽게 접근할 수 있다. 뉴스에 등장하는 좋지 않은 소식에도 불구하고, 세상에는 선한 행위가 가득하며, 순간순간 우리가 만들어내는 많은 것들이 기쁜 일이다.

인간에게는 선하거나 그렇지 않은 태도 중 선택할 수 있는 능력이 있다. 어쩌면 우리는 자신의 조건화된 행동이나 타인의 강한 설득력 하에 선택의 여지가 없는 것처럼 느낄지도 모른다. 그리고 우리가 하는 선택 중 대다수는 의식적 검토를 거치지 않은 무의식적인 것이어서, 선택의 여지가 전혀 없다고 느낄 수도 있다. 그러나 선하거나 그렇지 않은 태도 중 어디에 의도적으로 에너지를 줄 것인지를 결정하는 능력, 이것과 저것 중 어느 쪽을 선택할지 결정하는 능력은 우리를 기계나 동물과 구별하는 소중한 것이다.

이 능력은 전쟁 혹은 평화의 문제, 그리고 그것들을 투사하는 마음의 상태로 우리를 이끈다. 전쟁의 외적 특징은 불신·폭력·살육 등으로 나타나지만 이는 단지 두려움·분노·증오·잔인함과 같은 내적 혼란 상태의 표현일 뿐이다. 반면에 평화는 조화·정직·상호 존중·협력과 같은 외적 현상을 특징으로 한다. 이러한 활동을 일으키는 내적 상태에는 평온·친절·연민·이타심 같은 요소가 포함된다. 전쟁 같은 마음의 상태는 선하지 못한 자질이 그 중심을 이루고 있기에 선한 마음은 대개 들어서지 못하며 혹 들어선다 해도 일시적이다. 평화로운 마음은 선한 마음의 상태로 이루어지며 때때로 자신의 위협에 대처하기 위해 선하지 않은 성질이 일어나기도 하지만, 그렇지 않은 대부분의 경우에는 평안하다.

"우리가 자주 생각하는 것은 무엇이든 자기 마음의 성향이 될 것이다."[12]라는 붓다의 말은 중요하다. 우리는 생각하거나 행동하는 방식을 통해 자기 자신을 만들어간다. 이것은 우리가 자주 전투태세를 갖추면 좀 더 폭력적인 성향이 되고, 온건한 태도를 함양하고 실현하고자 하면 더 평화적인 성향이 된다는 것을 의미한다.

전쟁 모드에 처해 있다면 그 어떤 마음 상태도 선하지 않은 결과를 낳을 것이다. 심지어 우연히 어쩔 수 없이 일어났다 사라지는 경우에도 마찬가지이다. 평화 모드에 있다면 기본적으로 선한 결과를 낳을 것이며, 자신과 세계에 선한 변화가 일어날 것이다.

다시 말해서, 평화를 추구하는 사람은 자신의 생존과 무고한 사람을 보호하기 위해 때로는 전투 기질을 발휘하기도 하는데, 이처럼 어려움을 겪는 짧은 순간을 제외하고는 대부분 선한 까르마※를 불러올 것이다. 대조적으로, 평소에도 전투태세를 갖춘 사람은 자신과 다른 사람들을 보호하는 데 필요한 최소한도 이상으로 선하지 않은 결과를 만들게 된다. 이러한 사람 역시 때때로 평화롭겠지만, 지속해서 선하지 않은 태도를 보여야 하는 상황에서 평화롭기는 어려울 것이다.

사람들은 보통 위협을 느낄 때 의심하고, 공격적이 되거나, 폭력적인 전투태세를 취하게 된다. 그가 이렇게 하는 것은 자신을 보호하는 데 필요하다고 생각하기 때문이다. 하지만 이러한 호전적 태도는 아마도 자신이 원치 않는 바로 그 행동을 다른 사람들이 하도록 만들 수도 있다. 만약 그가 의심·공격성·폭력을 보여주면 다른 사람들도 동일한 대응을 하게 만들고, 따라서 자신의 안전을 위협하는 일을 스스로 만든 꼴이 된다. 이는 단기 전략으로는 효과적인 것처럼 보이지만 예상외로 장기간에 걸쳐 상당한 피해를 보게 된다.

반면 대부분의 시간을 평화로운 마음으로 보낸다면 지속해서 건전한 방향으로 사람들에게 영향을 미칠 것이다. 비록 이따금 타인의 악의에 대항하기 위해 좋지 않은 사건에 개입할 때조차 자신의 평화로운 성격은 왜곡되지는 않는다. 단기적으로는 큰 위험이 있을지 모르지만, 장기적으로 더욱 선한 결과가 나타날 것이다.

이에 대한 적절한 비유는 스트레스 감소의 과학에서 찾을 수 있다. 인간은 때때로 포식자의 위협에 맞서 짧고도 격렬한 공포(도망)와 공격(싸움)으로 대응하도록 진화되었다. 위험에 처할 때 일어나는 집착(생존)과 혐오감(포식자의 먹이)은 자연스러운 일이지만, 위험이 사라짐에 따라 서로를 보살피고 협동하는 포유류의 평온 상태로 돌아가 마음과 몸이 진정되는 것은 당연한 일이다.

지속해서 전투 태세로 만드는 섣부른 결정으로 인해 심신의 안정 주기가 방해받을 때, 마음과 몸은 장기간에 걸쳐 낮은 수준의 스트레스가 일어나 상당한 피해를 보게 된다. 이러한 태도는 끊임없이 (개인적으로는 고혈압, 사회적으로는 다양성을 인정하지 않는 낮은 관용과 같이) 건강하지 못한 일련의 까르마 요인을 만들어 내적으로 해를 끼치고, 다른 사람들과 갈등을 일으켜 외적으로도 해를 끼친다. 의료 분야의 '스트레스 감소 치유 효과'에서 얻은 통찰을 받아들여 이를 정치 분야에도 적용할 때이다. 즉, 스트레스 감소의 실천을 적용해서, 기존의 두려움에 입각한 국가 정책을 지혜에 기반한 정책으로 점차 대체할 때 많은 것이 좋아지리라 생각한다.

Removing the Thorn

# 가시 제거하기

두려움은 자신을 무장시키는 데서 일어난다.
얼마나 많은 사람들이 싸우는지 지켜보라!
나는 끔찍한 두려움에 관해 이야기 할 것이다.
그 두려움이 나를 뒤 흔든다.
마치 물고기가 얕은 물을 돌아다니듯이
생명체가 주변을 돌아다니는 것을 보라
서로에게 적대적인 것을!
이걸 보니, 나는 두려워졌네.[13]

위 구절은 《집장경執杖經》에서 인용했는데, 여기서 붓다
는 당시의 사회가 처한 상태에 대한 두려움과 실망감을 솔직
하게 표현한다. 얕은 물에서 파닥이는 물고기의 이미지는 오
늘날에도 적절한 비유이다. 세계의 자원이 줄어들고 그것을
필요로 하는 사람들이 증가함에 따라 상황은 더욱 절박해질

것이다. 하지만 붓다의 시대에도 그 상황은 불가항력인 것처럼 보였다. 붓다는 자신의 절망을 인정하지만, 더 깊이 이해하면서 자신의 한계를 넘어섰다고 말한다.

> 갈등에 봉착한 사람들을 보고,
> 나는 완전히 혼란스러워졌네.
> 하지만 그때 나는 가시를 알아챘네.
> 보이진 않지만, 가슴속 깊이 박혀있는
> 이 가시에 관통될 때
> 우리는 사방으로 달려나가네.
> 만약 그 가시가 제거된다면
> 우리는 달리지 않고 침착하게 되리니.

이 중요한 통찰은 불교 전통에서 갈등과 평화가 어떻게 이해되어야 하는지를 말해준다. 인간 사회는 개인의 집단적 행동에 의해 형성되므로, 사회는 각 개인이 가진 마음의 특징이 반영된다. 사람들의 마음속 평화는 세계에 평화를 가져오고 사람들의 마음속 혼란은 세계에 혼란을 일으킨다. 세상 사람들의 해로운 행동은 하나의 원인에 의한 것으로 볼 수 있다. 그 원인은 욕망이다.

욕망은 집착과 혐오라는 두 형태로 나타난다. 집착은 우리가 좋아하는 것들을 붙잡고 무슨 수를 쓰더라도 그것을 유지하려고 한다. 혐오는 우리가 좋아하지 않는 것을 회피하거나 이에 저항하는 것이며, 가능한 한 필요하다면 그것들을 없애고자 한다. 집착으로 인해 우리는 어떻게든 자원을 소비하고, 자신에게 없는 것을 다른 사람에게서 빼앗으며, 개인의 이익을 위해 다른 사람을 이용한다. 또한 집착은 자존심·오만·자만심·이기심·권력욕 등과 같은 성향의 기초가 된다. 혐오는 우리가 불쾌하게 느끼는 것을 멀리하고, 맘에 들지 않는 것을 차단하거나 차별하며, 두려워하거나 이해하지 못하는 것을 파괴하도록 강요한다. 또한 폭력·잔혹함·편협함·증오 행위 같은 비정상적인 행위를 유발한다.

하지만 심장에 있는 이 가시들은 제거될 수 있다. 이 가시들로 인해 우리는 고통과 두려움으로 화를 내고, 상처받고 증오할 정도로 미치며, 타고난 선량함을 잃는다. 발에 가시가 박힌 사나운 사자처럼, 단지 우리를 괴롭히는 가시를 뽑아낼 치료자가 필요하다. 붓다는 그러한 치료자였다. 그는 삶의 문제가 가슴 속 깊이 박혀서 알아채기 어려운 욕망이라고 진단했다. 따라서 그의 처방은 그저 문제에 대한 알아차림을 지속해서 행하라는 것이었다. 욕망이 하는 일들은 마음의 무의식적 기능에 감춰져 있기 때문에, 우리는 그 순간에 더 큰 의식을 쏟아야 한다. 사물을 명확하게 보는 법을 배운다면, 이때 자연스러운 치유의 과정이 일어날 것이다.

욕망에서 비롯된 개인의 상처를 치유하기 위해 붓다는 마음챙김 명상을 처방했다. 이 명상은 현상적 경험의 장場에서 일어났다 사라지는 모든 것들에 대해 주의 깊게 순간순간 관찰하는 것이다. 우리가 자기 내부에서 실제로 일어나고 있는 것을 제대로 볼 수 있을 때, 지혜는 점차 자연스럽게 증진될 것이다. 원리는 간단하지만 실천에는 많은 인내가 필요하다. 마찬가지로 다양한 형태의 욕망에 의해 일어나는 이 세계의 집단적 상처를 치유하기 위해서는 동일한 처방을 적용해도 좋을 것 같다. 집단적 마음챙김을 집단적 경험의 장에 접목하는 방법으로 다른 사람이 겪어 온 일들을 직접 보고 공유하는 것이 도움이 된다.

오늘날 우리는 과거에 저질러진 잔혹 행위가 녹화되어 사람들에게 널리 공유되거나 혹은 범법 행위의 증거가 밝혀져 여론 재판에 회부되면서 벌어지는 공익 사례들을 많이 볼 수 있다. 우리가 개인적으로 행한 악이 반성 없이 마음속 깊이 숨어 있다가 우리가 부주의하게 행동할 때 어두운 곳에서 서서히 드러나듯이, 마찬가지로 세상에서 일어나는 대부분의 잔혹한 학대 행위 또한 숨어있다. 그리고 개인적인 악을 밝혀내는 것이 치유 과정의 시작이듯, 비밀스레 숨어있는 잔인함과 불의를 밝히는 것은 세상의 병폐를 변화시키는 효과를 가져올 수 있다.

붓다에 의하면 세상은 '쌍둥이 수호자', 즉 도덕적 행동을 감시하고 이끄는 마음의 두 세력에 의해 보호받고 있다. 첫 번째 수호자는 양심·도덕적 직관·자기 존중을 함축하는 단어인 히리慚 *hiri*이다. 그것은 옳고 그름, 고귀함과 무례함, 존경받을 가치가 있는 것과 그렇지 않은 것 간의 차이를 아는 인간 정신의 내면을 가리킨다. 우리 각자는 타고난 도덕적 나침반을 지니고 있는데, 불교 전통의 관점에서 볼 때 종교는 도덕의 근원이 아니라 오히려 그것이 표현된 결과물이다. 두 번째 수호자는 사회적 양심, 문화적 또는 집단적 도덕관념, 타인의 의견과 권리의 존중과 같은 개념으로 구성된 오땁빠愧 *ottappa*이다.

우리가 행하는 건전한 일은 모두 이 두 가지 내면 수호자의 지원과 지도로 이루어질 것이다. 반대로, 이 도덕적 지침이 무시될 때 우리가 하는 일은 선하지 않게 된다. 그러므로 도덕적 비난을 받을만한 일이 개인이나 사회에 일어난다면, 우리가 행하는 것에 대한 명확한 알아차림이 부족하다는 것을 의미한다. 이것은 우리가 탐욕·분노·무지 또는 이 셋의 조합으로 인해 잠시 눈이 멀어서 우리가 하는 행위에 대해 충분히 주의를 기울이지 않는다는 것을 의미한다. 이 문제에 충분한 가치를 두고 전념을 다해 정직하게 주의를 기울일 때 우리는 자연스럽게 자신과 타인 그리고 우리 모두에게 해를 끼치지 않게 될 것이다.

비현실적으로 들릴지도 모르겠지만, 이것은 실제로 마음이 어떻게 작동하는지에 대한 심오한 진실을 반영하는 것이다. 그러므로 집단적 명상과 같은 완충적인 방법에 더 많은 시간을 할애하여 세상의 어두운 구석에 의식의 빛을 비추어 보자. 그러면 근본적이고 보편적인 변화가 가능할 것이다.

단지 우리 마음속에서 이 과정을 시작하기만 한다면, 나머지는 자연스럽게 자리 잡게 될 것이다.

# 불붙은 채로 살아가기

"모든 것이 불타고 있다!"

붓다는 2,500년 전 말했다.

"무엇으로 불타는가?
  탐욕과 분노와 무지로 불타고 있다."[14]

붓다의 이 말은 오늘날을 예견한 것처럼 보인다. 우리
의 행성이 용광로와 엔진에서 타오르는 불길로 인해, 총알과
폭탄의 폭발로 인해, 또 극심한 무지로 인해 점점 뜨거워지고
있다. 지진 발생과 같은 지각 변동의 문제, 소행성 충돌과 같
은 범지구적 문제, 노화와 죽음 같은 인간의 실존 문제 등 불
가항력적 사건 이외에 인간과 사회제도의 탐욕·분노·무지에

서 비롯되지 않은 문제는 하나도 없다.

　탐욕은 불과 마찬가지로 사물이라기보다는 오히려 과정이다. 이것은 연소 작용이자 소비 활동이며 자원이 빠르게 재로 변해 감소되어 가는 과정이다. 그리고 탐욕은 본질적으로 만족을 모른다. 왜냐하면 욕망이 충족되는 순간 타오르는 또 다른 욕망이 일어나기 때문이다. 탐욕은 억누를 수 없는 소비 충동을 일으키며, 우리 경제 시스템의 전도자로서 빠르게 전 세계로 퍼져가고 있다. 그것은 타오르고 강력한 빛을 내며 그 모양과 색으로써 우리를 현혹한다. 우리는 이 불을 가지고 노는 것을 즐긴다.

　분노는 더 뜨겁고, 더 파랗고, 더 불길한 불이다. 그것은 땔감 속에서 일렁거리면서 그 열을 보존하고 있다가 풀무질이 강해질 때 갑자기 폭발한다. 분노하는 마음은 불만으로 부글부글 끓고, 억압된 상태로 검게 그을리며, 혐오로 들끓는 마그마와 같이 우리 내부에 뜨겁게 도사리고 있다. 분노의 불길은 활활 타오르면서 무차별하게 사방을 태우고, 때로는 옆에서 쳐다보는 죄 없는 구경꾼들도 태워버릴 정도로 흉포하다.

　무지는 좀 더 미묘하다. 프로젝터 뒤에서 빛을 비추는 램프처럼, 환상 속에서 꺼질 듯 일렁거리는 빛처럼, 혹은 거울에 반사된 빛처럼, 무지는 더 부드럽게 빛나고 간접적으로 사물을 비춘다. 무지, 즉 망상이 사랑스러울 수 있다는 것이 문제의 절반이고, 항상 진실의 빛을 보여주지 않는다는 것이 문제의 다른 절반이다. 망상은 사물을 있는 그대로가 아니라 자기가 보기에 안정적이고, 만족스럽고, 매혹적이고, 주관적인 것으로 나타나게 한다. 이러한 착시 현상은 매우 특이해서 때로 우리는 빛이 어디에서 사라져서 어둠이 시작되는지 거의 알지 못한다. 우리는 무지 덕분에 자신은 물론 주변 사람들에게 가해지는 해악을 모른 채 탐욕과 분노의 불을 휘두르기를 즐긴다.

　　붓다는 이 세 종류의 불을 개인적 고통과 집단적 고통의 근원으로 인정한다. 사물은 아무런 이유 없이, 우연히 혹은 신이 만들어서 그렇게 된 것이 아니다. 사실 우리가 살아가는 세상을 만드는 것은 우리 의지의 특징이며, 세상이 불타고 있는 것은 마음속에 타오르는 불로 인한 것이다. 자원들이 고갈되는 것은 사람들이 탐욕스럽게 자원을 소비하며 버는 돈을 욕망하기 때문이다. 사람들이 밉다는 이유로 살해되거나 강간당하고, 고문당하고, 착취당하는 것은 다른 사람의 권리를 존중하고, 동등한 권리가 있다고 생각하지 않기 때문이다. 그리고 사람들이 맹목적이고 어리석게도 이 길을 따라 파멸로 향하는 것은, 서로를 잘 알지 못하거나 더 잘 알기를 원하지 않기 때문이다.

당면한 문제는 여기에 있다. 하지만 이것은 좋은 소식일 수도 있다. 왜 그러한가? 모든 문제의 원인이 드러나 그것이 무엇인지 알게 되면, 우리는 극복할 기회도 얻을 수 있기 때문이다. 만약 우리의 문제가 피할 수 없는 자연재해, 예를 들어 지진이나 유성 충돌로 인해 발생한 것이라면 이보다 더 비극적일 수 있을까! 만약 이런 엄청난 자연재해를 당한다면 우리는 무엇을 할 수 있을까?

이에 비하면 화재는 우리가 어렵지 않게 대처할 수 있다. 열을 식히고, 산소를 차단하고, 연료를 없애면 불길은 잡을 수 있다. 이처럼 불은 전적으로 외부 조건에 의존한다. 이 조건 중 하나를 변화시키면 항상 사라지게 될 것이다. 붓다는 스스로 탐욕·분노·무지의 불을 껐고, 우리에게 그 방법을 보여줬다. 아마도 우리는 이 지혜를 사용하여 지구를 달구고 세상을 삼키는 불을 끌 수 있을 것이다.

문제가 외부에서 내부로 이동할 때 우리의 능력이 발휘될 수 있다. 우리는 자신을 향해 접근할 수 있다. 변화의 가능성이 우리의 손이 미치는 곳에 있을 때, 내부의 변화를 일으킬 수 있다. 간단한 태도 변화, 우선순위의 조정, 더 넓은 관점으로의 개방, 개인적인 것보다는 더 큰 것을 보는 것 등, 이 모든 것은 열을 낮추고 화염을 줄이는 데 적게나마 기여한다. 그리고 우리는 대형 화재가 아니라 수십억 개의 작은 화염에 휩싸여 개개인이 불타고 있기 때문에, 각자의 마음이 조금이라도 변할 때 마침내 범지구적 불길이 극적으로 줄어들 수 있다.

탐욕의 불길을 약화시키기 위해 우리가 할 수 있는 일은 좀 더 관용을 베풀고 욕망을 줄이는 것이다. 나무를 자르는 대신 심는 것은 마음의 또 다른 자질인 베푸는 태도와 관련이 있다. 원하는 것을 얻고자 요구하는 대신 우리가 필요로 하는 것을 얻을 때 감사히 여기는 것은, 불을 지피는 것이 아니라 불만이라는 불길로 가는 연료를 없애는 것이다. 우리가 동물을 사냥하기보다는 사진을 찍고, 이웃이 아닌 불의와 싸우고, 우리가 속한 집단에 다른 사람을 포함시키고, 심지어 일상에서 사소하게나마 우리를 괴롭히는 것들에 대한 집착을 포기할 때조차도 분노의 불길은 커질 수 있다. 부주의한 순간에 열기가 전체로 번지듯, 우리가 생각하고 느끼고 행동하는 것에 마음챙김하는 순간조차도 열기는 계속해서 멈추지 않고 퍼져나갈 수 있다. 평온한 마음이란 더 청량한cool 마음인데, 실제로 붓다는 깨달음을 향한 진전을 '청량하게 되는 것'(빨리어 siti-bhuta)[15]이라고 표현했다.

여러 문제에 대한 해결책은 매우 가까이에 있다. 매 순간 내부를 살피면서, 내면의 온도 조절기를 한두 단계 아래로 줄이는 것이다.

우리가 불을 활활 타오르게 하지 않으면 반드시 꺼지게 될 것이다. 왜냐하면 불길은 궁극적으로 지속될 수 없기 때문이다.

CONSTRUCTING REALITY

제3장 실재를 구성하기

# 마음과 뇌

볼 수 없는 것으로부터,

마음의 상태들은 왔다가 가니

지나가는 동안만 언뜻 볼 수 있을 뿐이다.

하늘에서 번쩍이는 번개처럼

그것들은 일어났다 사라진다.[16]


일반적으로 마음과 뇌 사이의 관계를 이해하는 데는 두 가지 접근 방식이 있다. 우리는 '마음'이라는 말로써 주관적 측면, 즉 사고·인지·기억·욕망·정서의 상태를 가리킨다. 나아가 초월적 감각을 비롯하여 의식적이고 무의식적으로 우리가 겪어온 경험 전체를 포함한다. '뇌'라는 말로써는 객관적 측면, 즉 양쪽 귀 사이에 있으면서 서로 연결된 뉴런과 이 뉴런을 활성화하고 억제하며 연결하는 전기화학적 과정의 복잡한 구조를 통해 우리의 몸 구석구석에 이르는 물리적인 물질을 가리킨다.

한 접근법에서는 마음과 뇌를 기본적으로 동일한 것으로 간주한다. 이 관점에서는 모든 주관적 경험은 뇌 활동에 의존할 뿐 아니라 이를 통해 이루어지는데, 우리가 두뇌의 기능을 완전히 밝혀낸다면 마음에 대한 설명을 확실하게 할 수 있다고 본다. 다른 접근법에서는 마음을 뇌보다 훨씬 더 중요한 것으로 간주하는데, 이는 현재의 과학 모델이 아직 파악하지 못했거나 막 이해하기 시작한 수준이다. 이 관점에서는 마음의 범위와 능력이 물질적인 것을 훨씬 뛰어넘는다고 본다. 물론 뇌 활동과 주관적 상태 사이에 유사점이 있다고는 하지만 하나가 다른 하나를 완전히 설명하지는 못한다. 전통적으로 (동서양 모두에서) 의식에 대한 이 비물질적 관점은 물리적 인과의 그물matrix 밖에 있는 비물질적인 영혼 혹은 더 높은 의식 형태라는 개념을 포함한다. 이 관점은 신경과학이 발전하기 이전부터 꾸준히 쇠퇴해 왔지만, 최근 과거보다 정신과 물질 간의 관계를 더 근원적으로 표현하고자 하는 새로운 물리학에 주목하고 있다.

불교 내부에서는 오온五蘊 중 한 요소인 의식이 조건 지어진 것有爲 conditioned인지, 아니면 조건지어지지 않은 것無爲

unconditioned인지 여부에 대한 논쟁이 있다.<sup>*</sup> 이 논쟁은 대승불교Mahayana와 금강승Vajrayana 같은 후기 불교에도 일부 있었지만 주로 상좌부불교Theravada에서 다루어졌다. 이 문제는 우리가 보통 니빠나涅槃 nibbana의 동의어로 사용하는 '조건지어지지 않은 것'(asankhata)이라는 단어를 어떻게 해석하는지에 달려 있다. 만약 모든 것이 조건지어진 것有爲인 반면 니빠나가 조건지어지지 않은無爲 것이라면, 니빠나는 조건지어진 현상을 훨씬 넘어서 있기에 의식의 한 형태로 경험되지 않을 것이다. 이때 니빠나는 단순한 두뇌활동을 넘어선 것이므로 확실히 니빠나로 이끄는 깨달음은 한 찰나에 힐끗 보는 것으로 이루어질 것이다. 다른 한편 '조건지어지지 않은 것無爲'이라는 용어가 (《無爲相應經》<sup>17</sup>에서처럼) 단지 탐욕·분노·무지가 없는 것으로 정의된다면 의식은 조건지어진 것有爲<sup>18</sup>라고 할 수 있다. 적어도 빨리어 문헌에서는 '조건지어지지 않은無爲 의식'이라는 (모순된) 어구를 발견할 수는 없다.

일부에서 어떤 사람들은 의식을 지나치게 중시하지만 다른 사람들은 그다지 중요하게 생각하지 않는다. 내가 초기

........................

<sup>*</sup> 역주 : 유위는 조건지어진 것(conditioned)이고, 무위는 조건지어지지 않은 것(uncon-ditioned)이다. 유위는 원인과 조건에 의해 만들어진 것인데, 모든 사물처럼 생겨나서 변천하고 소멸하는 것을 말한다. 한편 무위란 원인이나 조건에 의해 생성된 것이 아닌 절대적인 것으로, 생성과 소멸이 없는 것을 말한다.

불교를 이해하기로는, 붓다는 이 문제를 중도적 접근으로 해결하고자 했다. 즉, 중도中道란 영속주의常住論와 소멸주의斷滅論의 가운데 길을 말한다.

고대와 현대의 전통에서는 의식을 본질적인 것으로 여기기도 하고, 감각대상이나 마음의 대상이 해당 감각기관에 의해 인식될 때 경험에 '나타나는 것' 이상의 상태로 간주하기도 한다. 문헌에는 이에 대한 고전적 표현으로 '등잔과 등잔불'의 예가 등장한다. "다음 중 어떤 사람이 바르게 말하는 것인가?" 이 기름 램프가 타는 동안 그 기름, 심지, 불꽃은 영원하지 않고 변화하겠지만, 그 빛은 영원하고 지속적이고 궁극적이고 변화하지 않을 것이다. "그렇지 않습니다. 왜 그런가요? 이 등잔불이 타는 동안 그 기름과 심지와 불꽃은 영원하지 않고 변화할 것입니다. 따라서 그 빛도 영원하지 않고 변화할 것입니다."[19]

마음을 두뇌 그 이상의 것으로 간주한다면, 모든 과학은 조건지어진有爲 사건의 과학이기 때문에 현재의 표현능력을 넘어서는 존재론적 차원의 사유가 요청된다. 물론 신新물리학이 대두되고 있지만, 나는 우리가 알지 못하는 것을 이해 못 할 다른 관점에서 설명하려는 경향에 대해서는 우려한다.

우리가 잘 이해하지 못하는 어떤 것(의식)을 우리가 이해하는 어떤 것(물질)으로 환원하고자 하는 것도 똑같이 매력적이다. 그러나 개념이라는 도구가 불충분하다고 해서 현상 그 자체가 제약이 되는 것은 아니다. 빨리어 문헌의 사례로, 불이 방금 꺼졌을 때 "동서남북 어느 방향으로 불이 사라졌는가?"[20]를 묻는 사람에 관한 내용이 있다. 단순히 마음을 뇌로 환원하는 데 따르는 문제는 환생rebirth의 가르침에 대한 도전일 수 있다. 또한 불교가 제시하는 깨달음의 기회와 가능성을 죽음에 대한 놀랄만한 초월성으로 보는 대신 죽음에 대한 수용으로 어떻게든 환원하려는 것이다. 붓다는 단지 행복한 죽음을 맞이했는가 아니면 어떤 의미에서 삶과 죽음을 초월한 불사不死를 얻었는가?

　　나는 우리의 도전이 이 딜레마 중 하나를 택하는 대신 새롭게 중도의 관점으로 의식을 이해하는 법을 배우는 데 있지 않을까 생각한다. 그 핵심을 향한 첫걸음은 두뇌 활동에 대한 물리적 설명에서 '단지 ~에 불과한'이라는 말을 없애는 것이다. 이렇게 함으로써 마음에 대한 물질적 설명이 마음을 덜 가치 있는 것으로 '환원'시키는 뜻을 갖지 않게 할 수 있다. 다른 측면으로는 마음을 두뇌의 뉴런 활동에서 일어나는 창발적 속성emergent property으로 이해할 때, 자연계의 다른 어떤 것보다 실질적으로 더 고차원적 의미를 만든다는 인식을 포함시킬 수도 있을 것이다. 비록 의식이 조건지어진有爲 conditioned 것이라 해도, 여전히 아주 특별한 것일 수 있다.

초기 문헌에서 붓다는 마음과 뇌는 근본적으로 상호의존적이고, 경험하는 동안 서로가 서로를 조건화한다고 간주하는 것 같다. 붓다는 이를 객관적 용어로써 비인격적이고 상호연기에 기반하는 오온五蘊들의 요소들로 구성된다고 표현한다. 이 요소들은 모두 무상하기 때문에 이 생과 다음 생은 물론이고, 심지어 하루하루조차 지속되지 않는다. 하지만 붓다는 또한 매 순간 의식의 생생한 경험living experience에 내적으로 몰두하여 조사하고 이해하는 일의 비할 데 없는 가치를 묘사한다. 붓다의 이러한 가르침은 표현할 수 없는 초월적 의미에 대한 경험으로 우리 모두를 이끈다. 따라서 이 두 가지 관점은 상반된 것이 아닐 수 있다.

# 이 몸뚱이

세상의 끝은 결코 걸어서는 도달할 수 없다. 그러
나 세상 끝에 도달하지 않고서는 고통에서 벗어나
지 못한다. 나는 세상이 있노라고, 세상의 시작이
있노라고, 세상의 끝이 있노라고, 세상의 끝으로
이끄는 길이 있노라고 지각하고 생각하는 것이 이
몸뚱이에 있노라고 말한다.[21]

붓다의 이 근본 가르침은 인간이 처한 상태를 이해하
는 데 있어 지대한 영향을 미치므로, 사고思考의 코페르니쿠스
혁명에 비견될 수 있다. 붓다의 주장은 서구의 과학이나 종교
전통과는 상반되는 형태로 '세상'을 다시 정의하지만 최첨단
인지과학 및 신경과학과 더불어 새롭게 등장하는 포스트모더
니즘 관점에는 매우 적합하다.

과학자들은 빅뱅 이후 퍼져 나간 응집된 물질로 '세상'이 만들어졌다고 한다. 이 물질들은 점점 더 무거워지면서 다양하게 되었고, 적어도 이 행성에서는 복잡한 형태의 살아있는 유기체로 진화해 왔다. 신경계는 이 유기체 중 일부를 발달시켜 우리가 의식이라고 부르는 현상을 있게 하는 전기화학적 활동 패턴을 만든다. 이 독특한 물리 과정은 주관적인 경험의 구심점을 만들어서, 의식이 있는 생물체로 하여금 자신이 살아가는 물질의 환경을 '알아차리게' 한다.

대부분의 서구 전통이 공유하는 종교적인 관점에서는 이 문제를 다른 방향에서 접근한다. 의식은 정신이나 영혼의 본질적인 특성이고, 전능한 창조자의 완전한 창조물이자, 각 개인에게 주어진 소중한 선물이다. 존재론적으로 덜 중요한 물질세계는 영혼이 거주할 수 있는 환경으로 주어지며 영혼은 이 안에서 시험받는다.

초기 빨리어 문헌에서 붓다는 각 입장이 갖는 어려움에 대해 말한다. 붓다의 비판은 두 가지 모두 개념 체계의 구성물이며 이 중 어느 것도 직접적인 경험으로 입증될 수 없다는 것이었다. 과학 모형은 시간과 공간으로 확장된 다차원의 세계를 제시하고 '객관적' 관점에서 대부분의 문제를 바라본다. 영적 관점은 당연히 영혼을 본질적 존재로 보면서 인과의 그물 밖에 있다고 간주한다. 그런데 대부분 이에 대한 유일한 권위자는 보통 작자를 알 수 없는 고대의 전통 문헌이다. 붓다에 의하면, 두 경우 모두 개인의 직접적 경험을 뛰어넘는 가정·신념·추측에 기초해 세계에 대한 '관점'을 구축한 것이다.

붓다가 표명한 관점은 유물론이나 관념론과는 매우 다른 것이며, 현상학의 초기 형태로 볼 수 있을 것이다. 우리가 '세상'이라고 보는 것은 마음과 몸의 가상적 구성물이다. 의식의 순간들이 서로 엮여 끊임없는 흐름 속에서 일어났다 사라진다. 세상이란 타인에게서 배우고 타인으로 전승된 형태로 각자가 개인적 의미로써 구성한 현상appearance의 세계이다.

붓다는 물질적 요소와 정신적 요소라는 서로 다른 입장들을 동시에 받아들이는 것처럼 보이지만 어느 것도 우선순위에 놓기를 거부한다. 물질은 의식이 나타나기 위한 조건이고, 의식은 물질을 경험하기 위한 조건이다. 세계가 바깥에 '실제로 존재하는지', 아니면 '그저 마음이 만들어낸 것인지'와 같은 양자택일의 문제로 보려는 것은 아주 서툰 태도이다. 우리가 알고 있는 세계와, 앎의 순간 구성된 세계를 만드는 것은 물질과 마음 이 둘의 상호작용이다.

이 관점에 의하면 우리 몸의 감각은 자신의 형태와 생명 유지를 위해 물질 현상에 의존한다. 이 감각에 영향을 주는 대상도 마찬가지이다. 그러나 감각을 통해 대상들을 경험하는 순간은 의식이 관여할 때만 일어날 수 있다. 의식은 보고,

들고, 냄새 맡고, 맛보고, 만지는 과정 즉 감각을 통해 대상에 대한 앎을 드러낸다. 의식은 또한 자신의 기억·지각·상징 창조 능력을 통해 마음의 대상을 만드는데, 이를 우리는 (넓은 의미에서) 사고하고 있다고 한다. 붓다가 제시한 모델의 독특성은 의식을 앎의 특정한 순간과 독립된 별개로 보지 않고, 오히려 다른 모든 것들과 마찬가지로 조건지어진 것이라고 보는 데 있다.

짧은 순간에 일어나는 직접적인 경험 차원에서 마음과 몸은 내가 가상세계라고 부르는 것을 구성하기 위해 함께 작용한다. 불교 과제의 대부분이 이 구축된 세계의 역동성과 특성을 이해하는 것과 관련이 있다. 이 과제는 능숙하거나 또는 미숙한 방식으로 우리가 괴로움에 시달리거나 혹은 이에서 벗어나는 세계가 만들어지는 것을 밝히고 있다. 물질 현상의 속성에 대한, 또는 의식의 역사와 목적에 대한 설명은, 나타나는 그대로 세계의 본질을 이해하고 이 지식을 이용해서 우리의 경험을 효과적으로 변화시키는 것과는 거의 무관하다.

이 장의 시작에 있는 구절로 돌아가 보자. 붓다는 걷는 것만으로 세상의 끝에 도달할 수 없다고 하면서, 공간으로 확장된 물질세계의 개념을 말하고 있다. (문헌에서 이 견해는 붓다가 이야기하고 있는 로히타사 신Rohitassa deva 사례에서 더 신화적 차원으로 확대된다. 그는 세상의 끝에 도달하기 위해 자신의 전 생애를 밤낮으로 지구만큼 넓은 걸음을 걸으며 보냈다. 그런데도 끝내 성공하지 못했다.) 그러나 지각과 느낌에 의해 의식과 감각으로 구축된 가상 세계를 완전히 탐구하여 '그 끝에 도달하지' 않고서는 우리는 결코 일어났다 사라지는 고통의 본질을 이해할 수 없을 것이다.

이것은 명상을 통해, 현상에 대한 철저한 조사를 통해, 그리고 깨달음을 향해 내면적이고 실천적인 불교의 길을 걸어감으로써만 성취되는 가르침이다.

# 최선을 다하기

감각정보들은 빛의 속도로 우리 안구眼球에 들어오고, 음속으로 고막에 충돌하며, 한 뉴런에서 다음 뉴런으로 전달되는 전기 화학 신호만큼 빠르게 우리의 몸과 마음을 흐른다. 우리는 어떻게 이 막대한 양의 데이터를 처리하는가? 데이터의 대부분을 조금만 남기고 차단해서 전압을 낮춘다.

뇌는 세상을 마음의 불연속적 순간들로 정지시켜 극히 소량의 정보를 수집한 다음, 이들을 하나씩 빠르게 순차적으로 처리한다. 그 결과물은 '바깥에 있는' 것을 다소 모방해서 편집한 경험의 가상세계이다. 대부분 그것을 구성하는 인식기관의 필요와 한계를 감안해서 만들어진 것이다. 만들어진 가상세계란 두뇌와 그 감각들이 성급하게 일련의 스냅 샷을 찍은 후, 이들을 함께 묶어 마치 우리가 '의식의 흐름'이라고 부르는 영화를 만드는 것과 유사하다.

불교도들은 이 시스템을 표현하는 꽤 적절한 말을 가지고 있는데 바로 '망상'이다. 이것은 우리가 어리석다는 것이 아니라 단지 마음과 몸이 (말하자면) 근본적으로 현실을 왜곡하도록 설계되었다는 것이다. 먼저 매 순간 의식은 끊임없이 흘러가고 있는 배경의 바깥에 안정된 인공적인 중심을 만든다. 마음이 순간순간 빠르게 변함에 따라, 우리는 사물이 존재하는 방식에 관한 갖가지 서사를 만들고 여러 형태의 가정·예측·희망으로 그 빈칸을 채운다. 이들을 현실로 간주하면서, 우리는 구축된 시스템이 따라갈 수 없을 정도로 만족과 안전을 추구해 나간다. 계속되는 우리의 불만은 '나 자신'이라는 개념으로 구성되는데, 여기서 나 자신은 있는 그대로와 다른 것을 원하거나, 있는 그대로가 아닐 때 고통받는 사람이다. 달리 말해 우리는 이 모든 것의 핵심인 무상·괴로움·무아에 대해 무지하기 때문에 실재의 본성을 오판하게끔 만들어졌다.

주어진 어느 순간 처리해야 할 데이터의 양을 줄이는 또 다른 방법이 있다. 시스템으로 들어오는 대부분의 정보들은 의식의 문턱을 넘지 못하고 의식의 알아차림 아래로 가라앉는다. 의식의 알아차림이라고 하는 소중한 자원은 보통 '알아야 할 필요'가 있을 때만 배분된다. 피아노 연주처럼 어떤 일을 처음 배울 때 우리는 손가락이 있어야 할 곳으로 갈 수 있도록 의식적으로 '생각'하고 '시도'해야 한다. 그러나 두뇌와 손가락과 손의 근육 간에 적절한 연결이 만들어지면 그 패턴은 의식의 하위 수준으로 가라앉고 마침내 우리가 '자동으로' 연주하는 것처럼 느끼게 된다.

이 과정은 매우 효율적으로 작동하기 때문에 일상에서 하는 대부분의 작업은 우리가 의식하지 않고서도 할 수 있다. 당신은 창조적인 어떤 일을 하는 데 있어 이 능력이 우리의 정신 에너지를 자유롭게 해준다고 생각할 수 있지만, 안타깝게도 이는 드문 경우에 해당한다. 대개 의식은 우리를 즐겁게 해줄 것을 찾고, 더 많이 가질 방법을 모색하며, 우리를 불쾌하게 만드는 것을 깔보기도 하며, 그것들을 피하거나 무시하거나 파괴하기 위해 계획하는 데 사용된다. 우리는 의식적인 마음을 통해서 실재와는 다르게 있는 사물을 새로운 방식으로 욕구한다. 또한 무의식적인 마음을 통해 과거의 노력과 연관하여 이전의 습관이 무엇이든 간에 이를 유지하는 일을 맡는다. 불교도들은 이에 대해서도 적절한 말을 갖고 있는데, 바로 '괴로움'이다.

명상은 우리의 무의식을 변형하는 도구로서 의식을 사용하는 방법을 배우는 것과 관련이 있다. 무의식에는 우리의 근원적인 기질이 머물고 있다. 역설적으로, 우리는 어떤 것을 더 잘 인식함으로써 인식하지 못하는 것을 바꿀 수 있다. 즉, 우리의 무의식은 온갖 종류의 불건전한 반응 패턴에 의해 조건화되어 왔고, 이것은 의식적인 행동을 이끄는 데 사용된다. 당연히 우리는 대부분을 인식하지 못하지만 체험 속에서 이들이 가져오는 고통을 알게 된다. 호흡과 같이 중립적인 대상으로 의식적인 알아차림을 훈련함으로써, 우리는 감각이 현재의 더 많은 정보에 열려있도록 능력을 강화시킨다.

신체에 대한 마음챙김을 수행할 때 마음은 직접적인 감각 경험으로 채워지는데, 보통 때와는 달리 사물에 대한 욕망이 줄어든다. 마음챙김은 지금 여기에서 일어나는 것이 무엇이든 현재에 있는 것을 의미한다. 마음챙김이 강력할 때는 다른 무언가를 원하는 욕구가 마음에 남아 있을 여지가 없다. 일어나는 것을 덜 좋아하거나 덜 싫어할수록 세상에서 밀고 당기는 일이 줄어들게 되고, 자기와 타인 사이의 분별이 줄어들어 결국은 자기를 덜 구성하게 된다. 따라서 자기의 영향력이 감소함에 비례하여 고통은 줄어든다.

우리는 항상 실재에 대한 불완전한 모델과 함께 살아가고 있는데, 이는 자연스럽고 피할 수 없는 일이다. 그러나 구축된 우리 시스템의 한계를 이해하는 것과, 미숙하든지 능숙하든지 간에 수행을 통해 노력한 결과를 더 명확히 보는 것과, 그리고 이 지식을 사용하여 자신과 모든 주변 사람들에게 웰빙을 최대한 가능하도록 하는 것에는 차이가 있다.

그리고 이를 표현하는 불교의 단어는 '지혜'이다.

# 실재하지 않는 상상작용

불교 문헌에서 내가 가장 좋아하는 표현 중 하나는 후대 산스끄리뜨어 문헌에 있는 세 단어로 된 구절로서, 불교 사상의 특징에 맞게 실재가 갖는 미묘하고 역설적인 모습을 훌륭하게 포착하고 있다. 미륵(未來佛이 아닌 불교학자)이 저술한 유식학파Yogacara 문헌인 《중변분별론》의 그 구절은 *abhuta-parikalpo'sti*虛妄分別有 허망분별은 있다이며 "실재하지 않는 상상작용이 존재한다."로 번역할 수 있다. 이 흥미로운 구절에 담긴 몇 가지 개념을 살펴보도록 하자.

중간에 있는 *parikalpa*는 명사인데 여기에서 시작해보자. 이 단어는 '능력' 또는 '실현 가능성'을 의미하는 어근(√kl-rip)[22]에 뿌리를 두고 있다. 접두사인 *pari-*는 인위적, 결정된, 발명된 이라는 의미이다. 여기에서는 마음과 몸이 매 순간 입력된 감각의 원시 데이터로 경험의 세계를 구성하고 있다는 것을 의미한다. 다른 종교에서는 이것을 의식의 본질적 영성이 작용하는 것으로 보지만, 불교도들은 의식의 매 순간을 여러 현재 조건들이 함께 모여 구성되는 종합적인 사건이라고 간주하며, 순간순간 이 조건들이 변경되어 새로운 구성이 만들어지고 사라진다고 보고 있다. 이 과정을 *parikalpa*라고 하는데, 이는 구성되고, 정리되고, 만들어진 그럴싸한 혹은 유사한 형태를 가진 실재 사물의 위조물이다. 우리는 한순간에서 다음 순간으로 슬쩍 넘어가기 위해 이 위조물을 실재의 그럴듯한 모습으로 간주한다. 이렇게 하는 것은 인간 경험의 본성으로서, 한쪽으로 치우친 자신의 희망 사항 혹은 투사된 희망이다. 또한 환상이자 강력한 상상력의 결과물이다.

이 구절의 첫 번째 단어인 *abhuta*는 형용사인데, 인간 상상력의 산물이 사실이 아니라 실제로 존재하지 않으며 어떤 존재론적 기초에도 근거하지 않는다는 것을 나타낸다. 동사 어근인 '√*bhu*'는 단순히 '있다'를 의미하므로, 부정어인 *abhuta*는 대상이 실제로는 존재하지 않는다고 강조한다. 이는 놀랄만한 통찰로서 인간이 이해하는 여러 형태의 절대적 근원이라는 기반을 없애는 것이다. 존재는 힌두교에서 신과 영혼의 세 가지 주요 정의 (*sat-cit-ananda* 존재-의식-행복) 중 하나이다. 그리고 불교도들은 우리를 안심시키는 실질적 존재가 마음과 몸의 기능의 기반이 되지 않는다고 말하는데, 이 견해는 오늘날과 마찬가지로 붓다의 동시대인들에게도 도전적이었다. 그러나 붓다는 깨달음을 얻은 날, 세상에는 영속하는 본질로서의 실재가 없다고 보았다.

세 번째 단어는 동사이며 '있다to be'(√as = asti)의 또 다른 형태이다. 여기서는 우리가 아무런 근거 없이 우리 자신과 세계라고 부르는 이 상상작용이 그럼에도 '존재한다'고 단순히 선언하고 있다. 다시 말해서 이 상상작용은 일어나고 사라졌다 다시 일어나며, 경험에 나타나고, 알아차림의 대상이 된다. 이 세 번째 작용은 우리를 이론적인 것에서 벗어나 명상이나 일상생활 같은 실제적인 영역으로 이끈다. 비록 마음이 가상 세계를 종합함에 따라 이 상상작용은 궁극적으로 '바깥 세상'의 사물과는 무관하지만, 그럼에도 불구하고 현상학적으로 존재한다. 우리에게는 경험의 흐름에 세심한 주의를 기울여 의식에 나타나는 것에 직접 관여할 수 있는 선택권이 있다. 이 의식적 관여가 모든 것의 비실체성과 불완전성이라는 두 가지 통찰로 수렴될 때 우리는 적어도 잃은 만큼 얻게 된다. 우리 수중에 있는 한 마리 새에게는 현상학적 의미와 느낌이 풍부하지만, 잡을만한 가치가 없는 덤불 속 두 마리 새에게는 초월성과 같은 개념적 주장만이 있을 뿐이다.

모든 종교는 지금 여기가 아니라, 완전히 다른 어떤 것 즉 초월성을 지향한다. 그리고 지금 여기라는 가치가 전적으로 초월적인 가치에서 유래되었다는 것을 종종 당연시한다. 나는 (후대의 전통에서 이 논의가 되풀이됨에도 불구하고) 붓다가 매우 다른 견해를 가졌으며, 그의 견해가 특히 우리가 사는 포스트모던 세계에 적합하다고 생각한다. 지난 세기 새로운 과학적 발견이 일어날 때마다 존재론적 토대에 뿌리를 둔 사유는 우리에게서 멀어지고 있다. 또한 종교에 기반한 영역들은 점차 고립되면서 다원주의에 둘러싸이는 상황이 되고 있다. 종교와 같은 전통적 지혜에서는 우리에게 어떤 초월적인 기반이 없다면 길을 잃을 것이고, 신성한 지침이 없다면 인간의 가치·열망·책임도 부정되어 버둥거릴 것이라고 항상 강조해 왔다.

　　붓다는 이를 다른 방식으로 본 것 같다. 파도에 휩쓸릴 때 바위에 달라붙으면 피해를 보지만, 그로부터 떨어져 소용돌이치는 물에서 자유롭게 헤엄치는 법을 배운다면 큰 의미와 행복감을 찾을 수 있다. 우리는 세계를 구축하는 도구가 불완전하고 (parikalpa), 심지어 세계와 우리 자신이 궁극적 실재가 아니라는 (abhuta) 사실을 받아들일 수 있다. 동시에 자신을 드러내어 (asti) 알아차리게 하는 경험의 흐름에 한층 더 주의를 기울이는 방법을 배울 수 있다. 우리가 건강하지 않은 방식보다는 건강한 방식으로 노력한다면, 우리 스스로 의미 있는 세계를 만드는 본성의 자기조직 원리에 의존할 수 있다. 오래전부터 불교도들은 모든 것의 비어있는 본성空性을 관찰한 후 친절·연민·진실성과 같은 자질과, 무엇보다도 자각을 높이기 위한 수행을 중심으로 삶의 방식을 체계화했다. 왜냐하면 이것들은 경험을 최적화하는 마음의 상태이기 때문이다.

　　나는 내가 알고 행하는 모든 것들이 상상의 산물이라서 궁극적으로 존재하지 않는다는 사실을 이해하고 어려움 없이 받아들일 수 있다. 그럼에도 이 모든 것이 존재한다는 것을 기뻐하면서 가능한 한 많은 의식적 알아차림을 가지고 그 존재와 관계를 맺을 것이다. 이것은 나 스스로 할 수 있는 일이며, 나 자신을 위해 또 주변 사람들과 집단 전체를 위해 현재 머물기에 최선을 다하도록 노력할 것이다. 오래전 붓다가 말했듯이, 우리 모두의 건강한 미래는 자기 견해에 대한 개념적 집착을 줄이고, 현상에 대한 마음챙김을 높이는 것에 달려 있다.

　　이 간단한 구절이 이 사실을 잘 일깨워 줄 수 있다. 실재하지 않는 상상작용이 존재한다.

In the Blink of an Eye

# 눈 깜빡 할 사이

괴로움과 괴로움의 끝은 얼마나 멀까? 사실 그 사이는 눈 깜빡할 순간에 오갈 수 있는 거리이다. 붓다는 《맛지마 니까야》의 마지막에 있는 〈근수습경根修習經〉[23]에서 우리에게 좋은 소식을 전한다.

웃따라Uttara라고 하는 브라만 학생과의 대화에서 붓다는 인간 경험에 대한 보편적 설명으로 가르침을 시작한다.

눈으로 형태를 보고…귀로 소리를 듣고…코로 냄새를 맡고…혀로 맛보고…몸으로 감촉을 느끼고…또는 마음으로 마음의 대상을 인식하면, 유쾌한 마음 일어나고, 불쾌한 마음이 일어나고, 유쾌하지도 불쾌하지도 않은 마음 모두가 일어난다.

아마도 이것을 알아차렸을 것이다. 모든 감각적 경험은 즐거움이나 혹은 고통의 느낌(혹은 대부분의 경우 즐겁지도 고통스럽지도 않지만 본능적으로 직접적인 느낌)을 동반한다. 이것은 감정을 느끼는 존재有情로서 우리에게 본능적인 방식이다. 느낌은 모든 경험에 함께 일어나는 요소이다.

그러나 이 느낌과 (함께 일어나고) 반응하면서 우리는 즐거운 경험이 유쾌하고, 고통스러운 경험이 불쾌하다는 것도 아주 자연스럽게 발견한다. 많은 경우 동일한 대상이 어떤 면에서 유쾌하기도 하고 다른 면에서 불쾌하기도 하다. 체화된 embodied 생명체로서, 우리는 반사적으로 즐거운 것을 추구하고 고통스러운 것은 피한다는 것을 알 수 있다. 이것이 우리의 문제가 시작되는 곳이다.

이와 같은 원시 프로그래밍은 의심할 바 없이 인간 특유의 고등 두뇌 기능을 발달시켜 오랫동안 살아남을 수 있도록 도왔다. 그러나 탐욕·분노·무지로 불타오르는 세상에서, 과거와 동일한 이 본능들은 우리의 웰빙에 쓸모없으며 역효과를 일으키고 있다는 것이 입증되고 있다. 붓다의 위대한 통찰 중 하나는 우리가 경험의 일부 측면만을 갈망하고 다른 측면을 거부하는 바로 이 욕망의 메커니즘이 고통의 근본 원인이라는 것이다.

괴로움이 일어나는 것 또한 마찬가지 방식이다. 이 상

황에 대처할 수 있는 도구는 무엇인가? 포유류로서 우리는 관용·친절·연민·협동에 대한 천부적 욕구를 지녔기에 더 원초적이고 이기적인 본능을 무효화 하거나 때로는 무시하도록 돕는다. 더욱 중요한 것은 우리가 내성內省, 자기반성, 그리고 마음챙김을 가능하게 하는 돌출된 전두엽 피질을 갖고 있다는 사실이다. 이 기관이 작동할 수 있도록 노력하라고 격려하면서, 붓다는 계속해서 이렇게 말한다.

> 어떤 이가 다음을 깨닫는다. "유쾌한 것이 일어나고, 불쾌한 것이 일어나며, 유쾌하거나 불쾌한 것이 모두 일어난다."

이 관찰은 별로 대단한 것으로 들리지 않을 수도 있지만 뛰어난 진전이다. 내적 삶에 대한 알아차림, 경험의 현상학적 느낌에 대한 자각을 통해 빛을 어둠 속으로 비출 수 있게 된다. 매 순간 마음과 몸에 일어나고 사라지는 것을 봄으로써 우리가 경험하는 것이 무의식적 조건화에 의해 전혀 알 수 없는 어떤 것이 아니라 우리가 알고 이해하는 것이 될 수 있도록 한다. 붓다가 지적하듯이 마음챙김은 변화의 다음 단계를 위한 필수 전제 조건인 현상의 본질에 대한 통찰을 제공한다.

"그러나 그것현상은 조건에 의지하고, 거칠고, 의존적으로 생겨난 것이다. 한편 이것통찰은 평화롭고 숭고한 것이다. 다시 말해 평정이다." 유쾌함이 일어나고, 불쾌함이 일어나며, 유쾌함과 불쾌함 모두 일어난다. 우리 내부에서 이것들이 끊어져 평정이 확립된다.

불교도가 '지혜'라고 일컫는 능력을 갖추게 되면 모든 경험이 원인과 결과라는 환경 내에서 형성된다는 것을 알 수 있다. 발생하는 '불쾌감'이란 특정한 감각 대상을 인지할 때 함께 일어나는 불쾌한 느낌이 굳어진, 단지 혐오적인 정신 태도일 뿐이다. 이 태도는 자기 성격의 결과이며, 일생동안 (또는 그 이상) 행동하고 반응하면서 만들어 온 학습된 반응 패턴에 불과하다.

마음에 대한 이해가 깊어짐에 따라 유쾌하다고 여기는 것을 붙잡고, 불쾌한 것을 내치려는 강압적 욕망 모두에서 마음을 즉시 해방시킬 수 있다. 통찰의 순간, 적어도 한순간에 욕망이 평정으로 대체된다. 여기서 평정이란 단절이나 중립의 느낌이 아니라, 아주 강력한 느낌에도 불구하고 침착성을 유지할 수 있는 보다 심오한 상태를 의미한다. 일어나고 있는 어떤 느낌이 있고, 그 반응으로 일어난 태도가 그 느낌과는 완전히 다른 것임을 깨달을 때, 강박적 인과 관계의 연쇄가 깨지고 자유로운 순간이 열린다.

우리는 지금과는 다르게 반응하도록 선택할 수 있다. 그리고 고통의 날줄과 씨줄을 엮어내는 유쾌하거나 불쾌한 태도는 쾌락이나 고통 어디에도 반응하지 않고 수용하도록 바꿀 수 있다. 어떤 일이 일어나도 문제없다. 좋은 것을 집착하거나 좋아하지 않는 것을 싫어하지 않아도 된다. 이제 우리는 붓다처럼 고요하게 경험에 친밀하면서 어느 순간에도 입술에 미소를 띠고 머물 수 있다.

이것이 이상적으로 들릴지 모르겠지만, 붓다는 그것이 지금 여기에서 가능하다고 다음과 같이 말한다.

> 시력이 좋은 사람이 눈을 떴다 감거나, 감았다 다시 뜨는 것처럼, 유쾌하거나 불쾌하거나 유쾌하고 도 불쾌한 어떠한 일이 일어나더라도 눈을 깜빡일 만큼 빨리, 신속히, 쉽게 멈춘다면 평정이 이루어 진다.

붓다는 아주 쉽게 말한다. 태도를 부드럽게 변화시키고, 좋아하거나 좋아하지 않는 것을 단지 흘러가게 하라. 어땠으면 좋겠다고 바라는 대신, 있는 그대로 이 순간에 열려있으라, 이것이 전부이다.

우리가 충분히 이해한다면, 고통에서 벗어나 자유에
이르는 여행은 눈 깜박할 사이에 일어날 수 있다.

THE PRACTICE

제**4**장 수행

# 한 번에 한 가지

지나간 것을 돌아보지도,

아직 존재하지 않는 것을 갈구하지도 마라.

지나간 것은 버려졌고,

다가올 것은 아직 여기에 있지 않다.

지금 여기서 일어나는 그 마음 상태

그것을 있는 그대로 통찰해 보라![24]

　"내가 알기로, 제어되지 않은 마음보다 크나큰 해악을 조장하는 것은 없다."고 붓다가 말했을 때, 나는 그가 요즘의 멀티태스킹 경향을 언급하고 있는 것은 아닐까 하는 생각이 들었다.[25] 마음이 몇 가지 일들을 한 번에 하려 할 때, 그 마음은 어떤 일도 능숙히 하지 못한다. 이는 많은 실험이 증명하는 경험적 사실이자, 스스로도 입증 가능한 일이다. 라디오에서 나오는 최신 경기 결과를 접하면서 동료와 최근 겪었던 관계의 어려움을 상의하고, 내비게이션의 안내를 받으면서 낯선 지역을 지나가는 와중에 운전과 동시에 문자를 보내 보라.

이는 마음이 여러 가지 일을 동시에 처리할 재주가 없다는 게 아니라, 별로 유익한 일이 아니라는 말이다. 빨리어 문헌[26]에서는 의식의 흐름을 급격히 아래로 흐르는 계곡물에 비유한다. 그 계곡물이 갈라지는 수로가 몇몇 곳으로 나뉘면, 평야에 도달할 때 계곡물은 하나의 실개천에 불과할 것이다. 마음의 에너지는 유한하고, 우리의 마음은 그 주의가 균열되는 정도에 정비례해서 약화된다. 쏟고 있는 주의가 옅어지면, 주의가 결핍되는 것은 아니지만 그래도 주의의 분산은 문제가 된다. 표면을 덮기 위해 퍼져나가는 물처럼, 너비가 넓을수록 그 깊이는 얕아진다. 한 번에 많은 일을 하려 함으로써, 우리는 마음을 훈련하여 효과적이고 습관적인 방식으로 정보를 처리하고 있지만, 여기에는 더 이상 자신이 하는 일을 깊이 알아차리지 못하는 대가가 따른다.

물론 자신이 무엇을 하고 있는지 깊이 알아차리는 게 바로 붓다가 가르친 핵심이기 때문에, 명상수행은 마음을 통일하고 하나로 묶는 데 아주 중요하다. 붓다는 또한 "내가 알기로, 수행으로 계발된 마음보다 더욱 큰 행복을 가져다주는 것은 없다."[27]고 말씀했다. 사마디*samadhi* 三昧로 알려진 집중수행은 하나의 감각대상이나 마음의 대상에 (한가운데 *a*) 마음을 함께 (접두사 sam-) 모으고 두는 (어근 √dha) 것으로 이루어진다. 우리가 매번 반사적으로 이렇게 하긴 해도, 불교수행에서는 신중한 의도를 가지고, 지속해서 에너지를 쏟으며, 여러 순간에 걸쳐 마음의 일관성을 유지하면서 이렇게 하기를 권장한다.

마음이 이러한 수련에 저항하고, 새롭고 색다르며 겉보기에 더 재미있을 것 같은 경험을 쫓아 여기저기 돌아다니는 건 자연스러운 일이다. 우리는 유입되는 자극을 무시하고는 자연에서 살아남지 못했고, 새나 다람쥐처럼 위협과 기회 모두에 주의를 기울이면서 끊임없이 여기저기 둘러보는 데 더욱 익숙하다. 그러나 우리는 더 이상 적대적인 자연환경 속에서 웅크리고 있지 않는 데다, 명상센터에서 좌선할 때 부단히 바뀌는 마음 상태들은 대개 내면에서 만들어진 위협이거나 상상 속의 기회이다. 마음을 집중하는 기술을 함양하고, 일차적 집중 대상으로 끊임없이 되돌아가며, 더욱 깊은 평온한 상태에 머무른다면, 정처 없이 이리저리 돌아다니는 마음을 점차 다스려가는 결과를 얻게 되고, 알아차림의 힘을 하나로 모으고 통합하는 방법을 통해 그 마음을 자리 잡게 한다.

의식의 매 순간은 소중한 선물이다. 알아차림 그 자체는 인간 조건의 일차적 자산이며, 그 자체는 내재적으로 엄청난 가치가 있기에 마땅히 신중하게 쓰여야 한다. 단지 고요한 곳에 조용히 앉아서 의식을 흐리게 하고 약화시키는 사소한 여러 소란으로부터 벗어나며, 이 덧없는 순간의 통렬함을 할 수 있는 만큼 온전히 경험하는 것, 이것은 깊은 내재적 가치를 지닌 활동, 즉 말을 넘어선 미학美學적 경험이다. 마음이 더욱 통일되고 안정되고 빛나고 주의를 쏟을수록, 이 순간의 경험은 더욱 깊어진다.

의식을 바라보는 최근의 견해는 이와는 많이 다른 데다 훨씬 더 협소하다. 단순히 어떤 일의 완수에 일차적 가치를 두지, 그 일이 이루어질 당시의 알아차림의 질은 중요하게 다루지 않는다. 우리는 온종일 이런저런 갖은 일을 하며 하루를 보내고, 그러면서 저녁 시간에는 휴식을 취할 생각인데도 분주하고 스트레스를 받으면서 초당 여러 번 화면을 휙휙 지나가는 TV 영상을 바삐 쫓아간다. 마음이 도달할 수 있는 평온하고 깊은 각성 상태는 대부분에게 거의 알려지지 않았다.

그렇다. 요란스럽고 날뛰고 시끄럽게 재잘대는 원숭이 같은 마음은 영리한 행동도 심한 장난도 할 수 있는데 이 일들이 쓸모없기만 한 것은 아니다. 그러나 이 마음은 또한 진정될 수 있고, 그 힘을 모을 수 있으며, 그 시선을 마음 자신에게 돌릴 수 있다. 그래서 이런 경우 마음은 그 자신을 깊이 알 수 있게 된다. 불교도들은 이를 두고 지혜를 얻었다고 말하는데, 이는 매우 가치 있는 일이다.

더욱 중요한 점은 이것이 건강에 좋다는 것이다. 편안

한 몸이 계속되는 스트레스 상태의 몸보다 더 건강하다는 사실은 이제 잘 알려져 있다. 편안한 마음이 불안, 강박, 중독, 그리고 여타의 요동치는 상태들에 시달리는 마음보다 더 건강하다는 사실도 더욱 잘 알려지고 있다. 심지어 편안한 사회가 긴장, 편견, 착취, 전쟁에 시달리는 사회보다 더 건강하다는 것이 밝혀질지도 모른다. 언젠가는 알게 될 기회가 있으리라 생각한다.

한편, 평화는 도달할 수 있는 마음의 상태이다. 이 역시 경험을 통해 입증할 수 있는 사실이다. 라디오, 전화기, 컴퓨터, TV를 꺼보라. 조용한 곳에서 몸과 마음의 긴장을 풀고 안락하게 앉아 있어 보라. 마음챙김 하며 숨을 들이쉬고 내쉬면서, 당신의 알아차림을 쉬 쪼개거나 찢어놓는 온갖 생각이나 반응을 바로 지금 버려보라. 잠시 감각적 만족을 누리려는 충동을 놓아주고, 싫어하는 일에 대해 짜증을 내지 않고, 몸과 마음의 들뜸을 내려놓고, 늘어진다고 느껴질 때 에너지를 불러일으키고, 자꾸 드는 의심과 불안한 생각을 미뤄놓아 보라. 연속되는 순간들 동안 이 같은 일들을 잘하게 되면, 당신은 마음이 점점 평온해지고 보다 집중되어 있고 보다 명료하고 보다 강해진다는 것을 발견할 수 있다. 붓다는 "내가 알기로, 한 번에 한 가지 일을 하는 것보다 더욱 건강에 좋은 것은 없다."고 말했을지도 모른다.

# 지금 여기

의식은 여섯 개의 문六識을 통해 흘러들어오는데, 이 각각의 문이 여섯 개의 인식기관六根 (다섯 개의 감각과 마음) 중 하나에 의해 만들어진다는 것과 여섯 가지 인식대상六境에 열려있다는 것을 알기 위해 많은 불교 문헌을 읽을 필요까지는 없다. 일어나고 있는 경험의 장을 잠시 탐색해보면, 당신은 여섯 가지 다른 방식을 통해 사물을 안다는 사실을 이해할 수 있다. 앎의 영역 중 하나는 눈과 관련이 있고, 다른 하나는 귀와 관련이 있다. 보는 것과 듣는 것은 서로 다른 두 가지 앎의 활동인데, 이 각각은 서로 다른 신체 부위와 뇌 처리센터를 쓴다. 만약 당신이 봄과 들음 사이를 오간다면, 당신 주변 환경에서 지금 무슨 일이 일어나고 있는지 곧바로 알 수 있다. 순간순간 당신은 이 두 감각의 문을 통과해 흐르는 몇몇 특정 입력정보들을 보고 들을 것이고, 듣고 볼 것이다.

마찬가지 일이 후각과 미각, 촉각에 대한 앎에서도 일어난다. 각각은 서로 다른 의식 양상을 수반하며, 각기 환경의 어떤 국면을 서로 다른 경험 언어로 번역한다. 의식은 그 자체가 바로 아는 작용이라는 의미에서 단일하지만, 의식은 특정 대상에 상응하는 특정 기관에 따라 다양하게 나타난다. 전통 불교사상에서 이 다양함은 다섯 갈래의 감각 경험五慾 (kama-gu-na)으로 불리며, 이것들은 마음챙김 명상가에게 변화하는 경험의 흐름으로서 나타난다.

자세히 설명하면 다음과 같다. 이 다섯 갈래의 감각 입력장치는 현재 순간에 일어나고 있는 정보에만 접근할 수 있을 뿐이다. 이것들 각각은 신경 다발 말단의 분화된 수용체들과 연결되어 있으며, 이 다발들은 현재 순간의 표상이 동반하는 실시간 자극에 반응하고 있다. 당신은 수년 전에 발생한 감촉을 직접 경험할 수도, 아직 울리지 않은 벨 소리를 들을 수도 없다. 이러한 일을 할 때, 우리는 과거의 경험을 회상하거나 미래의 경험을 상상함으로써, 의식이라는 여섯 번째 양상, 즉 마음의 문을 사용하고 있는 것이다. (광범위한 영역의 기억, 사고, 계획, 계산, 그리고 그 밖의 훨씬 많은 것들에 걸쳐 있는) 정신적 대상이 마음에 의해 알려질 때, 정신적 의식의 순간이 일어난다. 이것이 가장 넓은 의미의 '생각'이다.

정신적 경험 역시 현재 순간에 일어나고 있다는 점에

서는 감각 경험과 닮아 있다. 하지만 중요한 차이점은, 정신적 경험의 내용이 어떤 것을 표상하는 현재 순간을 훌쩍 넘어 과거나 미래까지 갈 수 있다는 데 있다. 당신이 바로 지금 하고 있는 생각은 어제 했던 일이나 내일 하려고 하는 일에 대한 것일 수 있다. 정신적 경험은 다른 감각들과 같은 방식으로는 작동하지 않는다. 당신은 과거에 일어났던 어떤 일에 대해 정신적 이미지를 만들 수 있으며, 그 정신적 이미지는 심지어 뇌의 시각기관 일부에 의지할지도 모른다. '마음의 눈'으로 그 이미지를 보는 것이나 마찬가지이기 때문이다. 그러나 현재 순간 당신의 면전에 있는 대상을 보는 것과 동일한 방식으로 보지는 않는다.

과거와 미래를 생각할 수 있는 이러한 역량은 학습하고 계획하며 문제를 해결하는 엄청난 능력을 낳지만, 여기에는 적어도 주요한 결점 하나가 따라온다. 우리가 정신 상태에만 오로지 머물고 감각들과는 거의 직접 접촉하지 않는 일은 가능하다. 의식을 제외한 다른 감각들로도 물리적 세계를 살아갈 만큼의 탐색이 가능할 수도 있겠지만, 이는 대개 자세를 유지하는 데 필요한 만큼 그리고 일어나는 여러 생각을 위한 기본 입력을 제공하는 만큼만이다. 인간이라는 동물에게는 감각적 변화가 가득하며 급격히 변화하는 위험천만한 자연환경에서의 삶이 줄어들고, 모든 변수가 예측 가능한 인공적 세계에서의 삶이 늘고 있기 때문에, 우리는 감각을 희생한 대가로 정신적 영역에 의존하는 데 더욱 익숙해지고 있다.

하지만 많은 사람에게 이는 덫이 된다. 막연한 미래가 위협하는 상황에서 벗어날 수 없거나, 과거의 트라우마를 다시 겪을 때 어떤 일이 벌어질까? 과거에서 미래로 흔들리는 시계추가 속력을 줄일 수도 탈출할 수도 없는 기괴한 회전 그네가 될 때 무슨 일이 벌어질까? 어떨 때는 갖가지 시나리오를 마구 뒤섞어버리는 마음의 습관이 우리를 추동한다는 게 느껴지는데, 이 느낌은 대개 감당할 수 없는 고통을 낳는다.

불교 전통은 감각에 집중하는 체계적 훈련을 해결책으로 제시한다. 예를 들어, 마음챙김의 첫 번째 토대身念處는 명상자를 오로지 몸의 문으로 인도한다. 대개 확실히 그렇게 될 텐데, 물리적 감각들을 알아차리고서 생각으로 향하는 마음의 길을 가로막고는, 그저 원래의 신체 감각으로 다시 향해보라. 이는 숨쉬기나 걷기와 연관되었든, 아니면 대부분의 다른 활동들과 연관되었든 간에 상관없다. 엄청 간단해 보이지만 그 영향력은 엄청나다.

이것이 효과적인 이유는, 마음은 한 번에 단 한 가지만을 알아차릴 수 있다는 데 있다. 그 한 가지가 생각이라면 감각 인지는 없을 것이고, 감각 인지의 순간이라면 생각이 없을 것이다. 처음에는, 의식의 흐름에서 마음이 감각을 인식하는 순간보다는 정신적인 대상을 인식하는 순간이 훨씬 많을 것이다. 하지만 시간이 지나며 몸에 대한 마음챙김 수행이 깊어지면, 지금의 감각이 '쓸데없이 하는 여러 가지 생각'으로 인해 방해받지 않으면서 감각 그 자체를 알아차리는 순간이 실제 계속해서 이어지는 경험을 할 수 있다. 습관적으로 너무 많은 생각을 하는 이들에게 이는 더없이 행복한 위안으로 경험된다. 그리고 이것은 이해력이 증가하는 근원적 출발점이다.

붓다는 물단지의 비유로 마음에 대한 비유를 제시한다. 물단지가 반쯤 차 있다면, 불교의 신화적 비유에서 망상을 의인화한 마라魔軍가 접근해서 온갖 해악을 끼칠 수 있다. 이 일은 알아차림의 절반으로 세계에 대해 느끼고, 다른 반으로는 그것을 생각할 때 일어난다. 협잡꾼 모습을 한 마라는 보이지 않는 (다시 말해 무의식적인) 신경증적 습관화의 경향들을 나타내는데, 이 경향들이 대개 마음의 속삭임을 연출한다. 그러나 물단지가 가득 차 있다면, 마라는 결코 접근할 수 없다. 의식적 알아차림은 정신적 묘사가 아닌, 직접적 감각의 경험들로 가득 차 있다.

감각들로 마음이 가득 차면, 우리는 그 마음을 비웠다고 말한다. 이런 식으로 마음을 진정시킴으로써 얻은 평화와 함께, 다르마法 탐구는 개시될 수 있다.

# 줄다리기

여섯 가닥의 끈을 가지고 여섯 마리의 동물, 뱀·악어·새·개·자칼·원숭이 각각을 묶는다면 어떤 일이 벌어질지 상상해 보라. 그런 뒤 느슨한 끈들의 끝을 하나의 커다란 매듭으로 묶어 보라. 그리고 매듭을 손에서 놓아 보라. 어떤 일이 벌어질까? 이 동물들 각각은 자신이 좋아하는 소굴로 되돌아가려고 서로를 다른 방향으로 끌어당길 것이다. 뱀은 개미탑 속 둥지로 기어들어 갈 것이며, 악어는 강을 향해 나아갈 것이며, 새는 공중으로 날아갈 것이며, 개는 마을로, 자칼은 납골당 같은 땅속으로 향할 것이며, 원숭이는 허둥대며 나무로 달아날 것이다. 이 같은 장면을 상상할 수 있겠는가?

붓다는 훈련되지 않은 마음의 상태를 묘사하려고 이 이야기[28]를 들려주는데, 여기서 여섯 가지 감각 각각(눈·귀·코·혀·몸·마음)은 즐거움에 이끌려 자신의 영역과 본래의 서식지로 끌려간다. 그는 이 상황을 제한된 마음을 갖고서 살아가는 삶의 모습으로 묘사하는데, 여기에 머무는 사람에게는 자유가 전혀 없다. 그가 제시하는 해결책은 매듭 중앙을 꿰어 땅에다 말뚝을 박고, 이를 통해 여섯 마리의 동물을 한 곳에 메어놓는 것이다. 말뚝은 몸에 대한 마음챙김身念處을 나타내며, 자유를 획득하는 수단으로 일컬어진다. 어떻게 이 일이 가능할 수 있는가? 확실히 이는 통상적인 자유 개념을 근본적으로 전복하고 있으며, 완전히 직관에 반하는 사실을 제시하고 있다. 아주 터무니없는 역설이 아니라면 말이다. 대개 우리는 원하는 바를 할 수 있을 때라야 자유롭다고 여기며, 기둥에 메여 있는 건 최악의 구속이라 여긴다. 하지만 붓다가 여기서 염두에 두고 있는 바를 찾기 위해 그 비유를 좀 더 찬찬히 살펴보자.

여섯 마리의 동물은 자신이 원하는 곳으로 갈 수 있다면 자유롭다고 느끼지만, 사실은 여러 면에서 구속되어 있다. 먼저 즐거움을 추구하고 고통을 피하려는 본능에 강제되어 있고, 다음으로 대개 익숙한 장소가 주는 만족감을 구하는 길만을 알며, 마지막으로 다른 동물과 줄다리기를 해 일시적인 이득을 얻는 경우에만 대상을 향해 전진할 수 있다. 오래지 않아 각 동물들은 다투다 힘이 다 빠질 것이고, 결국에는 가장 강한 놈에게 끌려갈 것이다.

매번 마음에 드는 대상은 끌어당기고 마음에 들지 않

는 대상은 혐오스럽게 간주하는 한, 인간의 마음과 몸이라는 여섯 가지 감각은 그 어떤 끈이나 말뚝보다도 더욱 강제하는 내적인 제약에 묶여 있는 것이다. 붓다의 관점에서 보면, 이러한 강박을 추구하는 자유는 옹색하고 심히 기만에 빠진, 마음이 날조한 환상에 지나지 않는 자유로움이다. 이것은 마약 중독자가 원하기만 하면 언제든 약을 끊을 수 있다거나, 재소자가 감방에서 자신이 원하면 어디든 자유롭게 갈 수 있다고 말하는 것과 마찬가지이다.

마음챙김 수행은, 감각적 욕망이 끌어당기는 힘을 극복하는 데 필요한 억제책을 제공한다. 마음이 만족감을 주는, 꼬리에 꼬리를 문 생각에 골몰하면서 헤매고 있다는 것을 알아채기 때문에, 또는 몸이 자신을 더 편한 자리로 몰고 가도록 몰아세우고 있다는 것을 알아채기 때문에, 우리는 서서히 그 충동을 버리고 알아차림의 일차적 대상으로 주의를 되돌리는 것이다. 다른 형태의 자극을 향해 질주하지 않고, 마음이 경험의 장에서 바로 지금 나타나 있는 것과 만족할 만큼 온전히 함께할 때까지 이를 되풀이해서 한다. 마음이 안정되기 때문에 마음은 훨씬 더 강력해지고, 따라서 큰 힘을 얻게 된다.

붓다가 말한 이 이야기는 여섯 동물이 서로 모두 만족하며 누워 있는 멋진 장면으로 끝을 맺는다. 더 이상 애쓰지 않고, 더 이상 다른 것을 갈망하지 않으면서 말이다. 이와 비슷하게, 감각적 욕망貪과 혐오瞋 간의 줄다리기가 잦아졌을 때, 들뜸掉擧과 늘어짐懈怠이 균형 잡혔을 때, 의심疑을 잠시 제쳐둘 때, 마음은 보다 열린 자세로 또 더 많은 자유를 가진 채로 경험에 주의를 기울일 수 있다. 감각이 즐거움을 주는 상태에 도달하려고 더 이상 애쓰지 않고 즐거움을 주지 않는 상태를 더 이상 혐오스럽게 여기지 않는다면, 마음은 실제로 일어나고 사라지고 있는 바를 보다 명료하게 볼 수 있다. 이 상태에 있는 마음을 '제한이 없다'고 부르며, 이 마음은 지혜를 통해 보다 큰 자유를 경험할 수 있다. 마음의 자유는 싫어하거나 좋아하는 태도로 무언가를 선택하는 데서가 아니라, 이 욕망의 제약을 남김없이 떨쳐내고 경험의 장을 있는 그대로 살필 수 있는 능력에서 나온다. 결국, 우리가 무엇을 보고 듣고 냄새 맡고 맛보고 감촉하고 생각하는지는 우리가 어떻게 그렇게 하는지 만큼 중요하지 않은 것이다.

우리는 원하는 바를 자유롭게 하는 것이 자유라고 생각하는 데 익숙하지만, 붓다에게 자유는 갈망에서 자유로운 상태이다. 우리는 말뚝을 속박이라 생각하고 자유는 마음에 드는 감각대상을 획득할 수 있는 상태라고 생각하는 경향이 있다. 반면 붓다는 즐거움의 추구가 속박이며, 마음챙김이 그 구속에서 벗어날 기회를 우리에게 준다고 말한다. 아마도 내적 자유가 궁극적으로 외적 자유보다 더욱 가치 있을 것이다.

# 마음 바꾸기

붓다는 선한 마음善心과 불선한 마음惡心의 구별을 중요하게 다루었다. 대부분의 종교와 철학 전통은 이러한 견해를 어느 정도 공유할 것이다. 그러나 '어떻게' 그리고 '왜' 마음이 주어진 그 순간에 그렇게 나타나는지를 이해하는 상세한 방법을 제시한다는 점에서 붓다의 경우는 전례가 없다. 의식의 매 순간을 만들고 있는 그 역동성을 설명하는 데 필요한, 경험에서 발견할 수 있고 시간을 가로질러 추적될 수 있는 원인과 결과의 패턴이 존재한다. 이에 해당하는 단어는 까르마業인데, 이것은 운명을 의미하지 않는다.

더욱이 붓다는 불선不善에서 선善으로 마음 상태를 전환하는 단순하고도 보편적인 방법을 제시했다. 이 점이 중요한데, 왜냐하면 《법구경》의 바로 그 첫 번째 게송에서처럼 우리는 생각하는 대로 자기 자신이 되기 때문이다. 모든 생각·

감정·의도·태도·열망은 뒤이은 경험이 펼쳐지는 방식을 만든다. 이는 좋든 싫든 간에 의식의 모든 순간이 수행의 순간이라는 사실을 의미한다. 우리는 우리 자신이 되기 위해 수행을 하고 있다. 중요한 물음은 단지 자신이 정말 얼마만큼 이 과정에 참여하고 싶은 지이다.

내가 붓다의 가르침을 이해하기로, 그는 이른바 코페르니쿠스 혁명이 일어난 이후의 일을 설명하고 있었던 것이다. 마음을 지엽적으로 의미를 구성하는 도구로 간주한다면, 세계는 정말 우리를 중심으로 돌아간다. 주의를 소홀히 하는 경우 마음은 탐욕과 혐오, 망상을 한데 끌어모으게 되어 '지혜를 가로막아 깨달음으로부터 멀어지게 하는'[29] 불선한 상태를 만들어 낼 것이다. 적어도 초기 불교 전통에 따르면, 이 문제의 해결책은 이러한 마음 상태들을 전환하는 건강한 기술을 배우는 것이다. 간단한 전환 방법이 《맛지마 니까야》의 〈추론의 경〉[30]에 설명되어 있다.

**1단계**  "[불선한 기질을 가진] 사람은 나를 불쾌하고 마음에 들어 하지 않는다."는 점을 알아차리라. 이는 일반적인 진술 방식이다. 이 글에는 괄호 안에 실제 분노·미움·경멸·기만·오만 같은 특정 기질의 긴 목록

이 등장한다. 나는 타인에게 불쾌감을 느끼는 자신만의 불선한 기질의 목록을 우리 모두가 가질 수 있다고 확신한다. 여기서의 강조점은 다른 사람에게 (이들이 그러한 불선한 기질을 가지고 있다.) 맞춰져 있는 것이 아니라, 그 순간에 일어나는 자신의 반응에 (내가 이런 행동을 마주하고는 불쾌함을 경험하고 있다.) 맞춰져 있다.

**2단계**  "내가 불선한 기질을 가지고 있다면, 나는 불쾌할 것이고 타인을 마음에 들어 하지 않을 것이다."라고 추론하라. 이는 이 과정의 핵심적인 부분인데, 왜냐하면 여기서는 주의를 타인에게 두는 게 아니라 자신에게 돌리기 때문이다. 타인들의 행동 때문에 그들을 책망하는 것은 우리 문화에서는 거의 자동적이며, 이는 타인을 비난하거나 바로잡으려는 시도로 이어진다. "남들이 그러지 않는다면 난 괜찮을 거야." 여기서 이것은 오히려 "내가 그러지 않는다면 남들은 괜찮을 거야."이다. 여기서 붓다 통찰의 미묘함은, 자신의 내적 상태의 전환이 행복으로 곧장 가는 길이라는 데 있을 뿐만 아니라, 업의 상호의존성 법칙으로 인해 이러한 변화가 타인들을 변모하게 하는 부가적 효과를 가져올 것이라는 데도 있다.

**3단계** 이 사실을 아는 이는 따라서 자신의 마음을 다음처럼 각성시켜야 한다. "나는 불선한 상태에 빠지지 않겠다." 이 단계는 내 마음의 기질을 변화시키려고 결심하는 데서 시작한다. 자신을 변화시키기에 훨씬 앞서 세계가 우리의 욕망을 충족하도록 바뀌어야 한다는 것이 줄곧 당연시되는 시대에서 이 얼마나 급진적인 발상인가. 있는 그대로의 현상에 대해 열려 있는 태도를 보이는 수행 단계는 지금 일어나고 있는 현상의 본성을 이해하면서 그것이 불선하다면 놓아주는 그다음 단계보다 좀 더 대중적이다. 그러나 여기가 바로 깨달음의 길로 나아갈 때 바른 견해正見·바른 의도正思惟·바른 마음챙김正念·바른 노력正精進이 합쳐지는 곳이다.

**4단계** 자신을 다음처럼 다시 돌아봐야 한다. "내가 불선한 기질을 가지고 있는가?" 마음챙김 명상을 통해 내적 경험을 조망할 수 있다. 손가락으로 염주 알을 세듯, 의식의 매 순간을 음미하며 그 질감과 미묘한 차이를 자세히 살핀다. 통찰이 자라나고 지혜가 깊어질수록, 무엇이 선이고 불선인지에 대한 앎이 점차적으로 또 직관적으로 솟아난다. 이것은 논증하거나 판단하는 과정이 아니라, 엄격한 정직함이 요구되는 과정이다.

**5단계** 만약 자신을 다시 검토할 때 "나는 불선한 기질을 가지고 있다."라고 안다면, 그런 불선한 상태를 버리려 노력해야 한다. 경험에서 실제로 무엇이 일어나고 있는지 열린 자세로 살펴본다면, 당연히 마음의 불선한 기질을 간별할 수 있다. 많은 사람들이 언급하다시피, 명상은 가장 겸허한 경험이다. 그러나 거기에 무엇이 있는지를 단순히 알아채는 것에 대한 비난은 결코 없다. 불선한 것이 자신에게 보일 때, 이것을 바꾸려는 결단은 이해하는 정도에 비례해서 일어날 것이다. 어떻게 불선한 것을 바꾸는 일을 시작할지는 어쨌든 중요한 문제이다. 애착에서 비롯한 불선한 것을 수용하거나, 이것을 제거하려는 시도를 실행하는 일은 바로 마음의 그러한 성질을 공고히 할 것이다. 마찬가지로, 불선한 마음을 못 본 체하거나 억압하는 일은 그 문제를 연기하거나 강화할 것이다. 불선한 마음을 버리려면 먼저 그것이 무엇인지를 봐야 하고, 그런 뒤 왜 거기에 매달리는지 그 조건을 인식해야 하며, 마지막으로 불선한 성질에 대한 집착을 한 번에 한순간씩 부드럽게 놓아주어야 한다.

**6단계** 자신을 다시 검토할 때 "나에게 불선한 기질이 없다."라고 안다면, 선한 상태에서 밤낮으로 수행하면서, 기뻐하고 만족하며 안주할 수 있다. 의식을 다시 검토할 때 마음이 그 어떤 불선한 기질도 드러내지 않는 시기가 또한 있을 것이다. 이것은 좋은 일이다. 이는 기쁨과 즐거움을 경험한다고 하는 그러한 경우들에 딱 들어맞는다.

이 이야기는 마음의 정화 과정을 제시하는 비유로 끝을 맺는다. "장신구를 좋아하는 젊은 여성 또는 남성이 맑은 거울이나 깨끗한 연못에 자신의 얼굴 모습을 비춰보며 얼룩이나 흠을 보고는 이것을 제거하려 노력하는 것과 마찬가지이다. 하지만 어떤 얼룩이나 흠도 발견하지 못한다면 그녀는 기뻐할 것이다." 우리가 외모에 신경을 쏟는 만큼 세심하게 자신의 내적 상태를 돌본다면, 개인의 삶과 공동체의 세계 모두가 훨씬 좋아질 것이다.

# 분노에 맞선 평정

《상윳따 니까야》[31]의 〈삭까帝釋天의 장〉에서, 붓다는 대개 그렇듯 우화를 들어 가르침을 편다. 이 우화는 고대 인도와 마찬가지로 오늘날에도 여전히 의미가 있다. 이 글에서는 약한 사람이 모욕하거나 공격하거나 여타의 방법으로 도발할 때, 강한 사람은 어떤 행동을 취해야 하는지에 대한 문제를 다루고 있다. 하지만, 이것은 강대국이 약소국의 도발이나 범죄의 위협에 대응하는 것처럼 간단할 수도 있다.

붓다는 신화시대에 신들과 아수라들 사이에 벌어진 대전투에 관해 이야기한다. 결국 아수라들은 패했고, 수장 웨빠찟 띠毘摩質多羅 Vepacitti는 사지와 목이 결박된 채로 신들의 왕 삭까 앞에 끌려갔다. 거기서 웨빠찟띠는 "무례하고 거친 말로 삭까를 모욕하고 욕보였다." (주석은 이러한 모욕에 대해 상술하고 있으며, 그리고 이 때문에 흥미가 더해진다.) 그러나 삭까는 죄수에 대해 자비의 마음을 잃지 않으며 평정을 유지했다. 삭까의 전차 마부 마딸리摩訶利 Matali는 이러한 반응이 의아해 게송으로 말했다. 한 번 살펴보자.

마딸리: 삭까시여, 웨빠찟띠의 입에서
그런 모욕적인 말을 들으셨는데도
이처럼 참으시는 것은 두렵거나 약해서입니까?

삭까: 내가 웨빠찟띠를 참는 것은
두려워서도 약해서도 아니다.
나처럼 지혜가 있는 이가
어떻게 어리석은 자 때문에 분개할 수 있겠는가?

마딸리: 제지하는 사람이 없으면
어리석은 자는 더욱 화를 내게 마련입니다.
그러니 지혜로운 이가 금강저로
어리석은 자를 제지해야 합니다.

삭까: 생각건대, 남이 화가 났다는 것을 알면서
마음을 챙기고 평정을 유지하는 것
이것이 어리석은 자를 제지할
유일한 길이다.

마딸리: 삭까시여,
저는 당신께서 바로 이런 관대함을 보이시는 것이

착각 때문이 아닐까 생각합니다.
"나를 두려워해서 참는구나."라고
어리석은 자가 이처럼 여긴다면
그 아둔한 자는 더 세게 날뛸 것이기 때문입니다.
황소가 도망치는 자를 쫓을 때 그러하듯 말입니다.

삭까: "나를 두려워해서 참는구나."라고
멋대로 생각하게 두게.
이상과 최상의 선 가운데
인내보다 나은 것은 어디에도 없으니.


이 대화의 쟁점은 두 가지 상반되는 인간 본성의 모델, 그리고 공격에 반응하는 두 가지 서로 다른 대응전략이다. 마딸리의 접근법은 제지와 처벌의 힘을 행사하는 쪽을 취하는 것이다. 달리 행동하는 것은 두려움이나 나약함을 드러내는 것일 뿐이다. 상대가 어느 쪽이든 낌새를 차린다면, 논쟁이 이어질수록 더 대담하고 더 공격적으로 될 뿐이다.

삭까는 보다 넓은 관점을 취하는데 이는 지혜와 인내, 평정이 그 토대이다. 첫 번째 게송에서 그는 자신의 관대함은 이해심을 표현한 것임을 지적한다. 분노와 증오의 원인이 유해한 기저 기질에 어떻게 뿌리를 내리는지 안다면, 또 분노와 증오가 풀려나게 될 때 드러나는 불선심이 마음 상태에 어떻게 영향을 미치는지 안다면, 삭까는 웨빠찟띠의 분노와 분노의 표출로 인한 해악의 원천을 모두 명료하게 볼 수 있다. 이와 같이 사태를 본다면, 중심을 잃고서 상응하는 분노 표현에 말려들게 명예에 흠이 가는 일이 삭까에게 일어날까?

자유롭다는 것은 사태에 반응하는 방식을 선택할 수 있다는 것을 의미한다. 지혜가 충분히 계발되지 않으면 타인이 도발한 상황에 쉽게 휩싸일 수 있다. 그러한 경우에 동물이나 로봇처럼 되는 것은 당연하다. 모욕적인 자극과 그에 대한 즉각적인 조건반응인 분노 사이에 여백이 없다면, 우리는 사실상 타인의 통제 아래에 놓이게 된다. 마음챙김은 그러한 여백을 열어 놓으며, 지혜가 그 여백을 채우고 있을 때 우리는 관대함을 가지고 반응할 수 있다. 분노가 억압되는 게 아니라, 애초에 분노가 결코 일어나지 않는 것이다.

두 번째 게송에서, 더 나아가 어떤 분노를 누군가의 탓으로 미루지 않고 받아들인다면 결국 그 분노는 사그라질 것이라고 삭까는 주장한다. 자신의 경험에 비추어보면, 우리는 분노의 불길이 사람들 사이를 왔다 갔다 하면서 강력해지고 해를 끼칠 잠재력을 더 키워간다는 사실을 알고 있다. 이 일은 자아라는 느낌에 대한 강한 애착이 있을 때, 즉 모욕을 당해서 상처를 받았다고 느끼는 어떤 사람, 또는 이에 대응하여 보복을 감행하는 어떤 사람이 존재할 때 일어난다. 다시 한번 삭까는 다른 이의 분노를 깎아내리거나 무시하기보다는 '앎'이 중요하다고 지적한다. 하지만 이러한 앎이 분노를 뽑아버리고 일소하려면 마음챙김과 평정의 상태가 필요하다. 붓다의 무아無我 통찰을 진정으로 공유하는 사람의 경우처럼, 자기 앞에 놓인 분노를 받아들이지 않는다면 분노는 안착할 장소를 찾지 못할 것이며 발을 디디지 못할 것이다.

　　마지막 게송에서 삭까는 인내의 중요성을, 그리고 유익하다고 생각하는 것을 고수하는 가치를 되풀이하여 말한다. 불교의 가르침에 따르면, 순간순간 마음과 몸이 감각 자료를 처리한 결과에 근거해, 우리 각자는 제한적이고 가상적이며 현상적인 경험 세계를 구축한다. 이 경험의 장에 나타나는 의도의 성질이 무엇인지는 아주 중요한 문제인데, 왜냐하면 이 의도의 성질이 우리가 누구인지와 우리가 어떤 사람이 될지를 결정하기 때문이다. 이러한 관점에서, 웨빠찟띠가 자신에게 욕설을 퍼붓는 그 모든 순간에도, 삭까는 인내의 선한 영향력을 유지함으로써 자신의 안녕감well-being을 더 잘 북돋기 때문에 웨빠찟띠의 견해와 태도를 대수롭지 않게 여긴다.

　　이러한 고무적인 행동 역시 그 뿌리는 자비이다. 이 대화가 담긴 마지막 게송이 입증하듯이, 분노에 맞선 평정은 나에 대한 관심 못지않게 다른 사람에 대한 관심에 의해서도 유발된다. 왜냐하면 분노는 해로우므로 분노에 분노로 반응하지 않음으로써 타인들이 자신의 분노를 버리도록 도와준다면 그들이 치유되는 데 도움이 될 것이다. 관용의 지혜를 보여주기 위해 개인적으로나 집단적으로 우리에게는 무엇이 필요할까?

분노에 분노를 돌려준다면
실로 잘못을 저지르는 것이다.
분노에 분노하지 않는다면
두 번 승리하게 된다.
그는 자신과 남,
모두의 선을 위해 행동하는 것이다.
다른 이의 분노를 잘 안다면,
마음을 챙기며 평정을 유지할 수 있다.
이렇게 해서 자신과 남
모두를 치유하고 있는 것이다.
"그는 어리석은 자이다."라고 생각하는 사람은
결코 다르마를 이해하지 못한다.[32]

UNDERSTANDING THE TEACHINGS

제**5**장 가르침을 이해하기

# 서로 연결되어 있는가, 그렇지 않은가?

사전에서 '연결되다'라는 단어를 찾아보면, '얽매이다, 묶이다, 달라붙다' 등의 동의어가 눈에 띈다. 최근 들은 바로는, 이 단어들은 불교에서 좋은 말로 여겨지지 않았다. 그렇다면 어째서 우리는 왜 오늘날 '서로 연결되어 있다interconnectedness'는 말에 관해 그토록 많이 듣는 것인가? 붓다는 정말 모든 것이 서로 연결되어 있다고 가르쳤을까?

대개 이에 대한 설명은 이 단어가 의존적 발생緣起의 의미라는 것이다. 하지만 그러한가? 종종 그렇듯, 이 용어를 쓸 때 우리는 쉽게 이해할 수 있는, 서양 전통에서 유래한 개념을 떠올리지만, 이는 붓다의 가르침이 내포하는 뉘앙스를 놓쳐버리는 것 같다. 이러한 관념, 즉 진실에 가깝지만 진실이 아닌 정의를 주석한 해석에 따르면 이 고풍적 용어는 '가까운 적'이다. 눈앞에 있는 개념을 제대로 이해하는 데 방해가 되기 때문에 '적'이라고 불리는데, 이 '가까운 적'은 명백히 표적을 빗나가는 '먼 적'과 대비될 수 있다. '가까운 적'은 더욱 은밀하다. 그럴듯하게 또는 심지어 바람직하게 보이는 개념이기 때문이다. 하지만 그렇더라도 우리를 잘못된 길로 이끈다.

'서로 연결되어 있다'라는 단어에 관한 내 우려는, 이것이 두 가지 또는 그 이상의 것들 사이의 관계를 암시하는 공간적인 이미지에 의지한다는 데 있다. 이 단어는 명사의 성질을 기술할 때, 형용사로 쓰이는 경향이 있다. 사람과 장소 또는 사물은 다른 사람과 장소 또는 사물과 연결되어 있거나 이어져 있다. 그리고 이 의미를 최대한으로 넓히면, 모든 것을 포괄하고 포용하는, 거대하고 지배적인 실재의 이미지가 떠오른다. 이 관념은 서구 사상의 초석으로서, 고전철학자의 로고스Logos부터 기독교 신학자의 존재의 대사슬Great Chain of Being, 현대 유물론자의 통일장Unified Field까지 이어진다. 이러한 사실만 놓고 본다면, 이것이 독특한 불교적 개념을 전할 수 있는 수단인지 의아해진다.

불교적 사유는 과정적 사유에 깊이 뿌리를 내리고 있는데, 이 사유에서는 형태를 띠면서 발생하는 일시적인 구조보다는 흐름의 역동성이 더욱 중요하다. 이러한 관점에서 보면 생성은 너무도 가차 없이 변화하기에 한데 묶어 존재가 될 수 없다. 의존적 발생은, 함께 일어나고 있는 사건들이 또는 연쇄를 이루는 사건들이 어떻게 때에 맞춰 서로 관계하면서 펼쳐지는지를 기술하는 형용사라기보다는, 사람이나 장소 또는 사물의 성질을 기술하는 부사이다. 사건들은 경험을 구축하는 매 순간 일어나면서 다수의 인과적 요소들에 의해 형성되며, 세계의 축조에 정보를 제공하는 패턴들은 신중한 내성內省을 통해 식별될 수 있다. 이는 모든 것들이 서로 연결되어 있다는 관념과는 아주 다른 발상이다.

현상들이 발생하는 모습에 마음이 제대로 초점을 맞춰서 본다면, 알아차림의 가장 앞면에는 다른 것과 연결될 정도로 형성된 현상은 절대 존재하지 않음을 알 수 있다. 우리는 명상을 통해 경험의 흐름에 접근하는데, 이곳은 세계와 자기가 형성되는 가장 앞면이다. 붓다는 어떻게 그 과정이 그 순간에 고유한 수많은 조건에 의해 형성되고 이에 영향을 받는지에 주목하라고 한다. 언어 그 자체는 (다음 장에서보다 자세하게 살펴볼 것이다.) 유동적인 사건을 기술하는 도구이다. "이것이 일어날 때, 저것이 있게 된다. 이것의 일어남으로부터 저것 또한 일어난다. 또 이것이 더 이상 일어나지 않을 때, 저것이 사라진다. 이것의 사라짐으로부터 저것 또한 사라진다."[33] 의존적 발생이라는 가르침을 통해, 붓다는 생성 과정의 아주 심오한 면을 보여주고 있다.

이와 달리, '모든 것은 서로 연결되어 있다'라는 교리는 분명 근사하게 파생된 개념적 구성물이긴 해도, 결국 하나의 관념에 지나지 않는다. 내게는 글을 읽을 줄 몰랐던 선종 제6조 혜능慧能이 "어쨌든, 존재하는 것은 없다! 서로 연결되어 있기는커녕….''이라고 응수하는 모습이 떠오른다. 근사한 불교적 은유인 인드라의 그물Indra´s net도 보다 유용하게 인드라의 관계망으로 번역될 수 있을 것 같다. 이 이미지의 본질은 보석을 구속하는 매듭지어진 어떤 인과적 뼈대가 아니라 모든 보석이 다른 모든 보석들을 무한히 서로서로 비춘다는 것이다. 이제 패러다임이 바뀌어 무선네트워크를 사용할 수 있으니, 이제 인드라의 망과 같은 어부의 그물은 버릴 때가 된 것 같다.

　'나는 서로 연결되어 있다'는 말을 사용하는 숨은 의도를 이해한다. 만약 탐욕과 미움으로 오염된 모든 행위가 '움켜잡음으로써' 또는 '밀쳐냄으로써' 환상에 불과한 자아라는 느낌을 만들어내고 강화한다면, 또 이 잘못 구축된 자기가 소외와 괴로움의 원천이 된다면, 확언하건대 '분리된 자기'를 제거하는 것은 훨씬 넓은 실재의 그림을 깨닫는 결과를 낳을 것이다. 이 모두는 사실이다. 그러나 '분리되어 있다'는 이 작은 말이 덧붙으면, 이는 우리의 지향점이 분리되지 않은 자기라는 것을 암시한다. 석가모니 붓다는 애초에 이 일이 어떤 문제를 훨씬 큰 문제로 맞바꾸는 것으로 여겼으리라 나는 생각한다.

인간 조건의 딜레마는, 우리가 어떤 대상과 연결되기에는 너무 왜소해서, 대신 보다 큰 대상과 연결되어야 한다는 것이 아니다. 오히려 바로 그 연결성, 즉 애착의 메커니즘이 본질적으로 괴로움의 원인이라는 것이다. 모든 연결에는 제한이 있다. 왜냐하면, 본래 그리고 대개 부지불식간에 욕망의 경로를 따르기 때문이다. 우리는 자신과 타인, 세상 속의 아름답고 만족스러운 존재와 연결되기를 갈구하지, 악하고 잔인하며 병든 존재와 연결되는 되는 데에는 열정을 쏟지 않는다. 우리가 엮어내는 거미줄은 대체로 자신이 살아가는 공간에 욕망을 투사한 것이라서 대개는 마음에 흡족한 대상들을 덫으로 잡거나 고통으로부터 지키도록 의도되어 있다.

붓다는 관계를 맺지 말라거나 자신만을 위해 살라는 의미로 우리에게 연결을 끊으라고 말하고 있는 것이 아니라, 이와는 정반대로 인간 본성에 관한 아주 미묘한 지점을 가리키고 있는 것이다. 어쩌면 '상호비애착성' 같은 신조어를 만들 필요가 있을지도 모르겠다. 어쨌건 여기서 살아가는 모든 사람이나 그 밖의 모든 것과 이 우주를 공유하되, 만물이 있는 그대로 더욱 자연스럽게 존재하도록 하는 방식으로 그렇게 하는 법을 배워보자. 우리는 아마도 여기에서 보다 진실된 친밀감을 발견할 수 있을 것이다.

의존적으로 함께 일어나는 현상들이 본질적으로 연결

되어 있는 것은 아니다. 단지 경험 안에서 현상들이 함께 일어나는 것일 뿐이다. 문제는 이 과정의 한가운데서 어떻게 우리 자신을 지탱할 것인가이다. 더 많이 서로 연결되면 될수록, 자신이 누구인지를 보여주는 조건지어진 현상들의 그물에 더욱 더 속박된다. 붓다는 이 모든 것에서 벗어나는 방법을 지목하고 있었지만, 이는 더 연결됨으로써 이뤄지는 길은 아니라고 나는 생각한다. 이는 덜 연결되고 덜 얽매이며 덜 애착함과 더 관련이 있는 길이다.

# 상호의존성

빨리어 경전에서 붓다의 말씀 중 가장 간명하면서도 가장 심오한 대목은 '상호의존적 발생緣起'에 대한 개설이다.

> 이것이 있으면, 저것이 있고,
> 이것이 없으면, 저것은 없다.
> 이것이 일어나기에 저것이 일어난다.
> 이것이 사라지기에 저것이 사라진다.[34]

이 게송의 깊은 뜻을 드러낼 수 있는 아주 많은 방식이 있다. 우선, 이것은 붓다에게 인과관계가 중요하다는 것을 나타내는데, 아주 분명하게 모든 것은 인과적으로 일어나고, 그렇기에 이해 가능한 패턴이라고 그는 말한다. 어떤 것도 우연히 일어나지 않는다. 어떤 것도 아무 이유 없이 일어나지 않는다. 어떤 것도 단지 신의 의지라는 이유로 일어나지 않는다. 짧게 요약된 보다 유명한 가르침은 그의 두 제자를 다르마佛法로 이끈 다음 게송이다. "원인에서 비롯하는 것은 무엇이라도, 붓다는 그것의 원인과 그것의 소멸을 언명했다."[35]

　더욱이 인과에 대한 이 구절은 거의 모든 경우에 적용될 수 있는 공식이다. 지시대명사 '이것'과 '저것'은 X와 Y같은 변수들을 대신한다. 단지 'X가 있으면, Y가 있다'라고 말할 수도 있다. 사실 이것은 기본적으로 초기 문헌들에 계속 나오는 형태이다. 이 문헌들에서는 변수들을 대신하는 여러 단어를 가지고 일련의 관련 구절을 통해 이 공식을 설명하고 있다. 현대 독자들은 이 구절들에 나오는 사슬을 순차적인 인과적 연쇄나 '사건들의 사슬'로 잘못 읽었지만, 이 교설의 요점은 복수의 요소들이 서로 조건지으면서 매 순간 함께 일어난다는 데 있다. 이 교설의 빨리어 명칭인 빠띳짜 사뭇빠다*paticca samuppada*는 다시 (*pati-*) 가거나 (*√i*) 서로 의존하면서 함께 (*sam-*) 와서 (*√pad*) 일어나는 (*-ut-*) 현상들을 말한다. 초기 문헌에는 한 무더기로 서로 기대어 있는 갈대 다발의 비유가 설해진다. 각각의 갈대는 다른 것들에 의지하고 의존하거나 다른 것들에 의해 '조건지어진다'.

　필시 관계에 대한 이해를 돕는 이 보편적 공식은 자연계·사회적 상호작용·정치역학·역사적 사건을 비롯한 모든 연구 영역에 적용될 수 있다. 하지만 붓다가 가장 시급하게 관심을 둔 문제는 경험과 관련된 현상학적 장이었다. 그는 심신·자아·고통·해탈이라는 주요한 네 가지 주제에 대한 자신의 이해를 납득시키고 전환시키기 위해 상호의존적 발생이라는 교설을 이용했다. 이 주제들을 짧게 살펴보자.

모든 시대와 문화를 통틀어 인간은 자신의 마음과 몸이 신성한 영혼에 의해 생명을 부여받는다거나 근원적인 안정된 실체로 이루어져 있다는 일반적인 관념을 갖는 경향이 있다. 마음과 몸의 현상들에 주의를 기울이며 또 직접적으로 탐색하는 데 명상을 활용함으로써, 붓다는 그보다는 오히려 물질적 요소色·느낌受·지각想·형성물行·의식識이라는 다섯 가지 관련 요소, 다시 말해 오온五蘊이 복잡하게 상호의존해서 일어난다는 사실을 보았다. 이것들은 끊임없이 소용돌이치듯 작용하면서 일어났다가 사라지지만, 이 작용은 인식할 수 있는 상호관계성의 패턴들을 따른다. 마음챙김을 하면서 충분히 오랫동안 앉아있어 보라. 그렇다면 당신 역시 이를 알아채지 않을 수 없다. 붓다의 첫 번째 위대한 통찰은, 무상함은 너무도 빈틈이 없어 몸과 마음에 편재해 있다는 것이다. 기저를 이루는 실체는 절대 존재하지 않는다. 모든 심리적이고 물리적인 요소는 상호의존적으로 일어나고 사라지고 있다.

하지만 이러한 모든 변화의 와중에 분별할 수 있는 자아라는 감각이 존재한다. 일부 고유한 구조들이 경험 내에서 만들어지는듯 보이고, 일부 태도와 행동의 패턴들이 반복적인 것으로 관찰되며, 선이나 불선의 방식을 통해 바꿀 수 있는 것처럼 보인다. 상호의존적 일어남의 공식을 가져와 이에 관련시키면, 경험 기저에 놓인 행위자인 양 보이는 것은, 오히려 의도意·신체身·언어口·마음意의 활동, 그리고 오랜 시간 동안 굳어진 성향 등을 포함한 형성물行이 복잡하게 서로 의존해 발생한 것으로 간주할 수 있다. 결정을 내리게 되면, 의도가 행위에서 드러나고, 대응하는 성향이 뒤따른다. 의도를 바꿔보라. 그러면 성향이 바뀔 것이다. 다양한 성향이 존재하면, 다양한 결정이 내려진다. 자기는 다른 모든 것들과 마찬가지로, 타자의 영향에 취약하게 만들어진 것이며, 실체 없이 기능하는 것으로 볼 때 가장 잘 이해된다. 자기는 자기부재적이다.

붓다는 깨달은 그날 밤 "무엇이 괴로움의 원인인가?"라는 물음에 대해 이 공식을 적용했다. 인간 조건에 대한 병리학 역시, 무지·갈망·집착·자신을 고통받는 자기로 보는 견해 등을 포함하는 복잡한 상호의존적 일어남으로 표현될 수 있다. 이 모든 요소는 볼 수 있고 이해 가능한 상호관련성의 패턴을 이루며 함께 일어나고 사라진다. "무지가 있으면, 욕망이 있다. 욕망이 있으면, 집착이 있다. 집착이 있으면, 자아의 생성이 있다. 자아의 생성이 있으면, 괴로움이 있다." 이것들은 모두 '서로 의존해서 함께 생겨나는' 요소들이다. 붓다는 이러한 관계성의 네트워크를 이해하면서 두 번째 고귀한 진리, 괴로움의 기원集聖諦을 깨달았다.

괴로움의 문제를 푸는 해법 역시 이 공식으로 발견된다. 한편으로 심리물리적인 유기체와, 다른 한편으로 괴로움 사이에 상호의존적인 관계들이 존재한다는 것이 밝혀졌다. 무지가 의사결정에 영향을 미치거나, 갈망이 느낌에 대해 집착하는 태도로서 경험에 나타나면, 괴로움이 일어난다. 하지만 이 요소들이 일어나지 않으면, 괴로움도 일어나지 않는다. 의식은 관련된 온蘊들과 더불어 항상 일어났다 사라지지만, 이 온들은 매 순간 괴로움과 밀접한 관련이 있든 그렇지 않든 간에, 특정한 구체적 관계들에 의존한다. 갈망이 없다면, 느낌은 괴로움 없이 일어났다 지나간다. 무지가 없다면, 결정은 불선한 성향을 쌓는 일 없이 내려진다. 현상들을 '나의 것'으로 간주하지 않는다면, 현상들에 대한 애착으로 고통받는 자아는 구축되지 않는다.

　　이러한 변화들은 괴로움으로부터 마음의 해방解脫을 가져오고, 탐욕貪·미움瞋·망상癡의 불길을 불어 끄게 만들며, 바로 이 삶에서 불성佛性을 깨닫는 결과를 낳을 것이다. 해탈 그 자체는 상호의존적인 경험 구조의 역학 구도가 변화하는 사건으로 이해될 수 있다. 불선한 상태의 내적 풍경이 정화됨으로써 더 이상 그 역학 구도가 마음의 과정들을 장애하거나 제한하지 않게 되는 것이다. 우리는 꾸밈없는 인과因果 공식의 자취를 따라감으로써 이 지점에 도달하게 된다. 붓다가 순간순간 경험의 현상학에 이 공식을 적용했듯 말이다. 이것이야말로 힘을 실어주는 앎이다.

# 마음의 확산: 빠빤짜를 넘어서

사람들은 희론을 즐긴다.
여래는 희론이 없음을 즐기신다.[36]

　　**빠빤짜**戱論 papañca는 혀끝에 착 감기고 (이 경우에는 입술을 뚫고 나오고는) 정곡을 찌르며, 내 마음에 드는 빨리어이다. 이것은 아주 친근하고 널리 쓰이고 있으며 은연중 퍼져 있어 영어의 일반 용례에 포함될 만하다. 빠빤짜의 정확한 어원이 명확하지는 않지만, 그 의미는 (1) 확산하거나 증식하는 것, (2) 환상 또는 강박, (3) 장애 또는 방해라는 세 단어 중 어딘가에 속한다. 이들 세 의미가 경험으로 수렴되는 곳을 파악하는 일은 어렵지 않다. 등을 곧게 펴고 가부좌를 취한 채 두 눈을 감고서 당신이 경험하는 바를 주의 깊게 살펴보라. 무엇이 보이는가? 빠빤짜이다.

이 용어는 (1) 경험 중 일어나는 어떤 감각대상으로부터 펼쳐지고 복잡해져서 마음의 확산이라는 밀물에 압도당하고, (2) 대개 환상에 지나지 않고 반복적이며 강박적이기까지 하며, (3) 마음의 평온이나 명료함을 사실상 차단하는, 마음의 경향성을 기술하는 데 이용된다. 이것은 꼬리에 꼬리를 물고 되풀이되는 마음속의 이야기들로서, 우리가 탑승했다는 것을 알기도 전에 한 역에서 다른 역으로 오랫동안 선로를 따라 달리는 생각의 기차이다. 뛰어난 빨리어 번역가이자 학자인 비구 보디Bhikkhu Bodhi는 빠빤짜를 '있는 그대로의 인지認知 데이터를 가리는, 마음이 해설하면서 쏟아내는 세속적 상상력의 경향'[37]이라고 설득력 있게 말한다. 이제 친숙하게 들리기 시작하는가?

위빠사나 명상은 경험의 실질 세계를 조작하는, 매 순간 펼쳐지는 다양한 과정을 식별하기 위해 마음과 몸을 깊이 들여다보는 일과 관련이 있다. 개념적 희론의 폭동이 대개는 가장 먼저 눈에 띄는데, 왜냐하면 이것이 가장 피상적이고 가장 바쁜 마음의 부분이기 때문이다. 대부분의 경우 원숭이 같은 마음은, 처음에는 이 생각 그 다음에는 저 생각 그 뒤에는 잡다한 수많은 연상·기억·공상을 움켜잡으면서 이 가지 저 가지로 그네 타듯 옮겨 다니는 동안 쉴 새 없이 재잘거린다. 붓다의 통찰에 따르면, 이 모든 작용을 둘러싼 기본적인 테마는 갈망·교만·견해이다. 우리는 이 쇼를 온종일 봐왔지만 배울 점은 거의 없었다.

하지만 호흡이나 다른 일차적 주의 대상에 의지하여 마음이 점차 안정되어감에 따라, 마음은 어떤 힘을 획득하고 보다 평온해진다. 그 다음엔 의식의 흐름이 무엇인지를 보다 잘 볼 수 있다. 급속히 이어지면서 하나 다음에 다른 것이 펼쳐지는 일련의 마음 상태를 말이다. 마음챙김이 확립되는 그 토대가 보다 안정되면, 마음의 격류에 휘말리는 대신에 흘려 보내면서 우리는 경험의 흐름을 살펴볼 수 있다. 이 시점에서 우리는 붓다의 가르침이 인도하는 대로 내적 풍경을 탐색하는 일과 우리의 작은 세계에서 사물들이 있는 그대로 존재하게 되는 방식을 발견하는 일에 착수할 수 있다.

마음은 층을 이루고 있고 미묘하며 깊이 있는 모습으로 나타난다. 표층에서부터 심층까지 작동하는 정신적 희론의 배회, 즉 빠빤짜가 생각에 기초한다는 것은 잘 알려져 있다. 멋진 이름의 《밀환유경》에서 말하듯, "생각한다는 것은 희론한다는 것이다."[38] 마음의 희론은 바로 미쳐 날뛰는 모습을 한 생각이다. 생각한다는 게 꼭 문제가 되는 것은 아니지만 (물론 '바른 생각'이 '나쁜 생각'보다 더 좋긴 해도), 일단 마음이 희론의 시작 단계에 접어들면, 심각하게 진로에서 벗어나 어떤 좋은 제지 방안도 소용이 없다.

더 가까이 들여다보면, 생각한다는 것, 그 자체는 지각에 근거한다는 것을 잘 알 수 있다. 《밀환유경》은 "지각한다는 것은 생각한다는 것이다."고 말한다. 지각은 우리가 무엇을 보고 듣고 맛보고 감촉하고 사고하고 있는지를 아는 마음의 기능이다. 지각은 이미지·단어·상징의 형태를 띠며 경험의 대상에 관한 인지 정보를 제공하는데, 이는 문화적으로 특정한 방식을 통해 학습된 것들이다. 우리는 지각을 통해 지각으로 지각을 거쳐 세계를 보며, 또 대개 그 지각을 세계에다 투사한다.

이러한 마음의 모든 층들 아래는 단순한 접촉觸의 순간인데, 이때 감각기관根과 감각대상境 그리고 한순간의 의식이 동시적으로 화합해 다른 조건들緣의 도움으로 대상을 인지한다. 이 기본적 알아차림은 그 자체로 어떤 내용이나 성질을 실어 나르지 않는 단지 앎의 한 장면일 뿐이다. 경험의 모든 색조와 질감은, 말하자면 느낌受·지각想·수많은 의지적 형성물行의 조합 같은 다른 부수적인 마음의 요소들이 제공한다. 소용돌이치며 돌아가는 상태 아래에 있는 알아차림에 닿을 때, 알아차림 그 자체는 평온하고 빛을 발하며 아무 꾸밈이 없다.

마음이 알아차림에서부터 지각으로, 개념으로, 희론으로까지 경험을 조합하는 단계들을 거침에 따라, 마음은 거대한 구축물macro-construction의 영역 속으로 점점 더 멀리 옮겨 간다. 각 단계에서 우리는 사태들을 있는 그대로 보기보다는 우리가 그렇게 구축하는 대로 본다. 명상수행은 이 과정을 반대로 하는 작업이다. 초기 문헌들의 관용구를 보면, 어떤 이는 강박적 지각과 사고를 버리고 마음의 확산을 끊어 희론 없이 편히 쉰다. 그래서 빠빤짜를 극복하는 이들은 비탄과 슬픔을 넘어선다는 말이 놀랍지 않다.

마음이 표면에서는 제아무리 번잡해 보여도, 내면에서는 평온하고 빛을 발하며 명료하다.

# 다르마에 대한 혐오

당신은 붓다의 본질적인 가르침을 잘 이해하기 위해 초기 불교의 일차 문헌들을 기꺼이 읽고 있다. 당신은 다르마敎法에 의지해서 수행하며 사물들을 있는 그대로 똑바로 알고, 바른 견해를 가지고 무상한 것을 무상하다고 보는 어떤 사람에 관해 설하는 대목에 이른다. 당신은 "그럼, 그게 바로 나지." 하며 확신에 차 고개를 끄덕인다. 그런 뒤 다음과 같은 문장에 이른다. "그러므로 오온에 대해 깊이 혐오하는 태도로 머물러야 한다."[39]

"잠깐만…도대체 무슨 말이지?" 당신은 여기에 문제가 있는 게 분명하다고 생각한다. 순간순간의 현상들에 대한 친숙한 알아차림이, 즉 있는 그대로의 상태에 대한 열려 있는 태도가 어떻게 그런 역한 반응으로 이어질 수 있을까? 죽음이나, 묘지에서 몸이 썩어가는 과정, 금욕적인 것들과 관련된 일

등을 관찰하도록 비구와 비구니를 독려한다는 것은 주지의 사실이다. 그러나 (예를 들어) 확실히 재가 위빠사나 수행자는 이 모든 의식적인 알아차림과 마음챙김에 근거해, 삶에 대해 마땅히 더욱 긍정적인 관점을 가져야 한다.

'이건 아마 낡은 번역일 뿐이야'라고 생각해서 다른 현대적인 번역으로 된 구절을 찾는다. 하지만 또 "비구가 다르마에 따라 수행하고 있을 때는 전념으로 오온을 혐오하는 태도厭離로 머물러야 한다."[40] 세 번째 번역어에서도 '무시'[41]라는 용어가 보인다. 어쩌면 단지 혐오하는 반응과는 다르게 이 용어가 가리키는 바는 보다 심오한 어떤 것에 대해 희미한 빛을 던져 줄지도 모른다. 그리고 또 하나의 번역어가 마침내 완전히 새로운 방향을 가리킨다. "따라서 올바른 지혜를 가지고 그것을 실제 있는 그대로 볼 때, 오온에 환멸을 느끼게 된다."[42]

당신은 "이 단어가 어쨌다는 거야?" 하고 의아해한다. 각주와 용어 사전을 조금만 찾아봐도 '깊은 혐오감'과 '염오厭惡'로 번역되는 단어가 빨리어 니비다*nibbida*라는 사실을 알 수 있다. 휴대용 빨리어-영어 사전을 찾아보면, 이 단어가 접두사 *nis-*(~없이)와 어근 √*vind*(~찾다)에서 나왔고, 그래서 가장 축어적으로 '~을 찾지 않음' 같은 뜻이 있음을 알게 된다. 어떻게 '~을 찾지 않음'에서 '혐오감'으로 옮겨갈까?

불교 문헌에는 이 단어의 중요한 의미를 잘 묘사하는 이야기 하나가 있다.

개 한 마리가 수개월 동안 비바람에 노출되어, 남은 살이나 골수라고는 없는 백골 하나를 우연히 발견한다. 이 개는 얼마간 뼈를 갉아먹다가 끝내 이 뼈다귀에서 어떤 만족도 '찾기 않기'로 결심하고는 혐오하면서 돌아가 버린다. 이 뼈가 본래부터 혐오스러운 것은 아니다. 고기를 향한 이 개의 맹렬한 욕구가 이 뼈만으로는 만족되지 않을 것이라는 게 오히려 사실이다. 개는 이 뼈를 맹렬히 갉아대면 만족감을 얻으리라는 기대에 '홀려 있었다'. 하지만 뼈에는 자신에게 만족을 줄 어떤 것도 없다는 진실을 마침내 깨우치자 환멸을 느끼게 되어 뱉어버린다.

붓다는 이 단어를 가르침의 가장 높은 수준에서 사용한다. 초보 명상가가 사물들을 혐오스럽다고 여기면서 수행해야 하는 것은 아니다. 높은 수준의 명상가는 그 때문에 가정생활에 환멸을 느끼게 되어 수도원에 가게 된다는 것도 전혀 아니다. 그러나 붓다는 경험의 모든 국면을 철저하게 검토하라고 제안하고 있다. 이는 오직 장기간에 걸친 집중적인 통찰로써만 성취될 수 있는 탐구를 통해, 결국 구축된 경험이 갖는 조건지어진 세계의 불만족스러운 본성에 대한 깊은 이해를 도출하는 것이다.

붓다의 모든 통찰과 마찬가지로 이러한 통찰은 '저 바깥에 있는' 세계의 본성에 관한 표현이 아니라, '여기 이 안에 있는' 세계의 구축적 본성에 관한 것이다. 내가 불교 전통의 기본 가르침을 이해하기로, '진정으로 저 밖에' 있는 것은 우리와 아무 상관이 없다. 일부는 우리가 그것을 정확하게 알 수 없기 때문이고, 일부는 이것에 관한 사색이 우리를 잘못된 길로 이끌기 때문이며, 일부는 감각 데이터가 감각 및 정신현상과 접촉해 주관적인 영역으로 일단 들어오면 다루어야 할 것이 차고 넘치기 때문이다. 경험의 대상들은 '있는 그대로의 그것들'일 뿐이다. 자신의 (표현 그대로) 이기적인 목적을 위해 이 대상들을 사유화하는 것은 근원적인 욕구이며, 이것은 꿰뚫어 보는 지혜로 치유된다.

'외부 세계'로부터 눈을 돌리는 것에 관한 가르침, 또는 백골 같은 감각대상에서 얻으려고 하는 영양분을 끝끝내 '찾지 못할' 것이라는 사실을 마침내 자각하는 것에 관한 가르침, 또는 원초적 망상으로 인한 미망에서 깨어나는 것에 관한 가르침은 초기 불교 전통에만 국한되지 않는다. 마찬가지 사유가 수승한 대승불교 선禪 문헌인 《능가경》에도 전해진다. 《능가경》의 번역 서문에서 스즈키Suzuki 선사는 자신이 언급한 바 있는, 이 세상을 벗어나 '되돌아옴'이라는 중요한 심리학적 사건에 특별한 관심을 기울인다. "엄밀히 말하면, 이것은 유독 마음에서만 돌연히 일어나는 영적 변화 또는 변혁으로, 나는 이를 '염리厭離'라 부른다."[43]

　　이 이야기의 교훈은 우리가 불교 문헌에서 마주치는 용어, 특히 핵심 술어의 의미는 탐구할만한 가치가 있다는 것이다. 이러한 탐구에서 니비다에 대한 표면적인 이해는 역겨운 세계에 대한 깊은 혐오감으로 인해 등지는 일과 같은 것이며, 이는 구축된 경험의 조건지어진 본성을 깊이 이해하고 그럼으로써 모든 현상에 애착하지 않는 입장을 가능하게 하는 궁극적인 이해와는 아주 다르다.

SELF AND NON-SELF

제**6**장  자아와 무아

# 현상과 실재

　　더 이상 시야에 있지 않을 때도 대상은 그 존재가 사라지는 게 아니라는 것을 배우는 아동의 발달 단계가 있다. 까꿍 놀이를 통해 아동은 대상의 영속성을 배우는데, 이는 심리학자들이 인정하는 정상적인 발달의 필수 단계이다. 마음은 경험에 '나타나는 그것'과 직접 관계해야만 작동할 수 있기 때문에, 마음은 현상의 배후나 너머에 '존재하는 그것'에 대한 지각 모델을 세워야 한다. 물론 이는 한낱 개념적 구축물이지만, 우리가 살아가는 동안 내내 함께하는 유용한 것이기도 하다.

　　불교명상의 근본적인 측면은, 무언가가 경험되는 것은 그것이 존재하기 때문이라고 반사적으로 귀인하는 습관을 중단하도록 우리를 이끌어, 현상학에서 말하는 지각의 단순성으로 돌아가게 한다는 데 있다. 우리가 단지 나타나는 것에만 주의를 쏟는 한, 바히야*Bahiya*에게 설하신 유명한 가르침에서처럼, "보인 것에는 보인 것만이, 들린 것에는 들린 것만이, 느껴진 것에는 느껴진 것만이, 생각된 것에는 생각된 것만이 있을 것이다."[44] 잠깐만 명상을 해봐도 입증할 수 있다시피, 외부 세계의 실재가 변화하는 현상들의 소용돌이치는 바다 한가운데서 용해되어 아무런 상관이 없게 되기까지는 얼마 걸리지 않는다. 현상들이 놀라울 정도로 직접성을 띤 채 일어났다 사라지는 한, 그 실재성은 너무나 명백하기 때문에 '진정으로 실재하는지'를 따지는 문제는 의미 있는 물음이 아니라, 오히려 혼란스럽게 하는 단지 개념적 호기심으로 전락해버린다.

이는 전통 불교사상의 중요한 특징이다. 현상 배후에 현상 그 자체보다 근원적이고 중요한 어떤 것이 실제로 존재한다는, 소위 '존재론적 가정'을 공유하는 이들은 결코 제대로 이해하거나, 받아들일 수 없었던 사유이다. 의식 문제에서만큼 이 가정이 흥미롭게 적용되는 곳도 없다.

의식이라는 말을 들을 때, 우리는 의식을 소유하는 어떤 사람, 의식을 행사하는 어떤 행위자, 의식으로 이루어져 있는 어떤 자아가 존재한다는 생각을 즉각 떠올린다. 그러나 초기 불교 문헌들에서는 특정 조건들이 충족될 때 펼쳐지는 어떤 과정이 바로 의식이라고 말한다. "기관과 대상에 의존해서 의식이 일어난다."[45] 아니 보다 구체적으로 말해, "내부적으로는 눈에 손상이 없고, 외부의 형태와 색상形色이 눈의 영역에 들어오며, 상응하는 결합이 일어날 때, 상응하는 의식이 출현하게 된다."[46]

의식의 역할은, 감각의 문으로 들어오는 자료에 근거해서든, 아니면 기억·상상·개념이라는 내적 채널에 근거해서든, 현상을 나타나게 하는 것이다. 이 현상을 실재처럼 느끼도록 뒷받침하는 일은 지각의 과장된 덧칠을 통해서 이루어진다. 의식은 그저 하나의 사건인 대상에 대한 알아차림이지만, 지각은 수반되는 이미지 또는 해석적 표지標識의 조작물이다. 이 둘은 특정 조건 하에서 자연적으로 일어나는 비인격적 작용이고, 의식 배후의 행위자와 현상 배후의 실재 모두는 편리한 개념이긴 해도, 마음이 조합해 만들어낸 것들일 뿐이다.

그렇다면, 의식의 실재성에 그러한 덧칠이 존재하는 이유는 무엇인가? 힌두 용어에서 브라만의 실재성(sat)과 의식(cit)은 서로 불가분이다. 유대-기독교 사상에서 우주를 창조하고 유지하는 궁극의 절대자는 한 인격Person이다. 그리고 후대 불교의 일부 전통에서조차 현상적 자아 배후에 있는 참 자아를 말하고 있다. 이 어느 것과도 달리, 붓다는 의식이 비누 거품처럼 실체 없는 일단의 현상들에 불과하다는 놀라운 발상을 내놓았다.

궁극적으로 관심을 가져야 할 문제는 의식이 진정 무엇인지가 아니라, 오히려 이것이 어떻게 나타나고 있는지이다. 무엇이 경험의 성질인가? 의식은 이 순간에 어떠한 조건화된 마음 및 정서적 요소들과 함께 일어나고 있는가? 자아我란, 의식뿐만 아니라 몸色·느낌受·지각想·형성력行의 네 가지 온들도 중요하게 뒷받침하고 있는 어떤 역할을 수행하는 그무엇이다. 의식은 감각 및 이와 상응하는 대상에 의해 구체화되고, 기쁨과 고통에 따라 채색되고, 지각의 상징적 표현들에 의해 질감이 더해지고, 과거에 배운 것과 현재에 선택되는 것그리고 미래에 실행될 것에 의해 인도된다. 이 모든 것이 쇼일수도 있겠지만, 의식의 가치는 전적으로 그것이 얼마나 잘 수행되는가에 달려 있다.

　　많은 이들은 종교가 거짓된 현상 배후에 있는 진정한실재를 발견하려 하나같이 애쓰고 있는 한, 모든 종교는 궁극적으로는 같은 것이라고 말한다. 하지만 붓다가 사태를 바라보는 아주 다른 길을, 즉 모든 가정의 가장 근본적인 부분에도전하는 길을 가리키고 있었던 것이라면 어떻게 될까? 그의비범한 통찰은, 무상하고 상호의존적이며 불만족스러운 것으로 올바르게 이해된 현상들에는, 세상의 만물을 하나의 원인으로 돌리는 데 사용되는 존재론적 토대 역시 없다는 것이었다. 예외 없이 그 모든 것은 비어空 있다. 자아는 전혀 없다.

이는 개념적으로 큰 상실인 양 들릴 수도 있겠지만, 경험적으로는 그리 대단치 않다. 우리는 의식에 실제 현전하고 있는 대로 목하의 현상들을 보면서 습관적인 지각의 덧칠을 다만 중지하고 있을 뿐이다. 고전 명상문헌에서 설하듯이[47] "몸身을 몸으로, 느낌受을 느낌으로, 마음心을 마음으로, 마음의 대상法을 마음의 대상으로 관찰하면서, 전념을 다하고 마음챙김 하며 명료한 의식을 가지고 머문다." 나타나 있는 것에 아주 세밀하게 주의를 기울일 때, 그것이 존재하는가 하는 문제는 생겨나지 않는다. 나는 붓다가 이른바 현상의 실재성이라는 개념적 틀을 고수하는 대신, 현상의 경험적 현재성 actuality에 근거를 두는 편이 궁극적으로 좋다고 우리에게 말해주고 있다고 생각한다.

침대에 누워있는 아기는 눈을 감아도 엄마가 사라지지 않는다고 알면 안심할 것이다. 하지만 언젠가 엄마가 늙고 병들어 돌아가실 때, 성인이 된 자신의 안녕감은 엄마가 계속해서 현실에 존재하는지에 좌우되어서는 안 된다는 것을 배우는 게 훨씬 더 가치 있는 일일 것이다. 그것은 위로가 되는 경험이며, 자식에 대한 모성애는 눈을 감고 애정 어린 마음을 가질 때 언제든지 이루어질 수 있다.

# 균형을 유지하기

자신을 살피면서, 다른 이를 살핀다.
다른 이를 살피면서, 자신을 살핀다.[48]

옛날 인도의 한 곡예사가 마을 한가운데 대나무 장대를 세우고는 아주 민첩하게 장대에 올라 꼭대기에서 조심스럽게 균형을 잡았다. 그런 뒤 그는 어린 조수를 불러 자신의 어깨 위에 서서 깡충거리게 하며 그에게 말했다. "보게나, 균형을 살피게. 나는 그대의 균형을 살피겠네. 우리 서로를 살피고 서로를 보호하면서 곡예기술도 보여주고 돈도 벌고 안전하게 대나무 장대 아래로 내려오도록 하세." "안됩니다. 안돼요. 스승님. 절대로 그렇게는 할 수 없습니다!"라며 조수가 말했다. "스승님께서는 꼭 당신 자신의 균형을 살피시고, 저는 제 균형을 살피겠습니다. 우리 서로 자신에게 주의를 기울이고 자신을 보호하면서 곡예기술도 보여주고 돈도 벌고 안전하게 대나무 장대 아래로 내려오도록 하시죠."

붓다는 마음챙김 명상수행을 묘사하려고 《마음챙김의 확립 상윳따》에서 이 이야기를 설하는데, 자신의 교설을 이해시키려고 붓다는 이 위험한 균형 잡기 비유를 여러 수준에서 이용한다. 물리적 균형감각은 경험의 매 순간에서 아주 즉각적이고, 아주 친밀하고, 아주 접근하기 쉬워서 대개 명상을 위해 좌선할 때 맨 먼저 접하게 되는데, 이 이야기는 사실적이라서 매우 설득력이 높다. 우리는 우리를 둘러싼 세계에 주의를 기울이는 데 아주 익숙하므로, 내면을 주시할 때 어깨 위 머리의 미세한 흔들림과 더불어 우리 몸을 중력에 맞추고자 모든 근육을 미세하게 조정하는 작용을 알아챌 수 있다. 명상할 때처럼, 곡예사는 항상 일어나지만, 보통은 간과되는 과정을 의식적으로 알아차리는데, 이는 우리 자신에 대해 가치 있는 것을 배우는 데 필요한 첫 번째 단계이다.

이 이야기는 또한 다른 이의 행위를 비판하기에 앞서 우리 자신의 내적 삶의 질에 주목하는 것이 왜 그렇게 중요한지를 생생하게 보여준다. 다른 누군가의 균형을 유지하게 하는 일은 가능하지 않으며, 이 생생한 비유로 인해 그 진실이 명확하게 이해된다. 더욱이, 곡예사의 조수는 곡예사가 안정적이고 의지할 만할 때, 그의 어깨 위에서 자신의 균형을 유지할 수 있을 것이다. 달리 말해, 곡예사가 자신의 조수가 다치지 않도록 보호하는 제일 나은 방법은 내면을 주시하면서 자신의 평형상태에 신중하게 주의를 기울이는 것이다. 이는 삶의 많은 일에 해당된다.

예를 들자면, 이 이야기는 부모가 자녀에게 끼치는 영향력에 적용된다. 알다시피 부모는 자녀가 무엇을 행하고 말하고 생각해야 할지 말지를 끊임없이 말할 수도 있겠으나, 실제로 본보기를 보이는 것이 자녀의 인격 발달에 좀 더 좋은 영향을 미칠 것이다. 엄마와 아빠가 정서적 균형과 윤리적 균형을 유지할 때라야 자녀는 부모의 어깨 위에서 스스로 안정을 찾고 부모의 훈계를 이해하는 법을 배울 수 있게 될 것이다. 의사와 환자, 교사와 학생, 상담사와 내담자, 정치인과 유권자, 저자와 독자에게도 똑같이 적용된다. 사실상 우리가 세상에서 만들어가는 모든 관계에 적용된다. 모든 관계의 질은 각 당사자가 쏟는 마음 씀에 따라 향상되며, 이는 한 사람이 다른 사람의 세심한 배려에 직접 기대거나 신뢰할 때 특히 중요하다.

삶 그 자체가 균형 잡기이다. 우리 각자는 바람이 불고 흔들리는 세상의 위태로운 장대 꼭대기에서 중심을 잡으려 애쓰면서 살고 있다. 어깨 위에 올려진 그 모든 것을 살피기는커녕 자신의 안전을 유지하기조차 매우 어렵다. 마음챙김은 내면을 들여다보고, 자신의 균형을 조정하며, 다른 모두가 균형 잡고자 하는 중심점에 계속 초점을 맞추기 위한 도구이다. 현재 순간의 알아차림의 질, 즉 우리 모두가 올라 있는 대나무 장대는 고요하고, 안정적이며, 집중적일 수 있는데, 이럴 때라야 우리와 우리에게 의지하는 모든 이들의 안녕감이 잘 보장된다. 그렇지 않을 때는, 아무리 다른 이의 행동을 지적해봐야 자신의 균형을 보상받거나 회복할 수는 없다.

혹자는 이러한 가르침이 이기적이라며 오해할지도 모르겠다. 하지만 그런 식으로 생각한다면 붓다가 계속해서 강조해 온 자기와 타인의 미세한 상호의존성을 간과하게 될 것이다. 곡예사가 자신의 평형에 주의를 쏟는 것은 그가 총애하는 조수의 안녕감을 위한 애정 어린 배려가 그 동기이다. 조수의 균형을 살피겠노라고 그가 맨 처음 제안한 바는 자비의 표현이기는 해도, 지혜라는 균등한 잣대에 부합하지는 않는다. (빨리어 문헌에서 또 다른 비유를 인용하자면) 모래 늪의 수렁에 빠진 사람은 안전한 땅에 도달하기까지 다른 이를 도울 수 없듯이, 또는 승무원이 비행기에 탑승하는 승객들에게 매번 말하듯이, 우리는 다른 이의 산소마스크 착용을 돕기 전에 자신이 먼저 마스크를 써야 한다. 다른 이들을 도와줄 수 있는 능력은 주로 자신의 균형을 유지하는 데 달려있기 때문이다.

자신을 살피면서, 다른 이를 살핀다.

다른 이를 살피면서, 자신을 살핀다.

자신을 살핌으로써 어떻게 다른 이를 살피는가?

마음챙김을 수행하고, 계발하고, 증장시킴으로써

그렇게 한다.

다른 이를 살핌으로써 어떻게 자신을 살피는가?

인내심, 해치지 않음, 자애, 보살핌으로써

그렇게 한다.[49]

 

    자기와 타인의 경계가 어떻게 사라지는지 잘 보라. 다른 이들을 친절하게 대하고 그들을 돌봄으로써, 우리는 자신을 친절하게 대하고 자신을 돌보고 있다. 남을 해치면 예외 없이 자신을 해치게 되거나 위험에 처하게 되듯이, 실제로 남을 돕는 일은 자신의 가장 기본적인 행복을 돌보는 최선의 길이다. 불교 사상에 따르면, 이는 의도에 근거하는 모든 행위, 즉 모든 업*karma* 그 자체는 '저 바깥' 세상뿐만 아니라 자신의 성향과 성격에도 영향을 미친다. 알아차림의 질과 이해의 깊이에 따라 자기 세상의 그 모든 것이 좌우되듯이, 말하고 행동하고 생각하는 모든 것이 내가 누구인지를 결정한다. 사실상, 내가 이 문헌을 이해한 바에 따르면, 어디까지가 자신이고 어디서부터 타인이 시작되는지 구분하는 게 그다지 유용하지도 심지어 가능하지도 않을 수 있다.

그렇다면 무엇이 자녀를 보호하고 동료를 보살피고 공동체에 기여하고 세상 모두에게 자비를 표현하는 최선의 길일까? 수시로 주의 깊게 내면을 살펴보고 당신의 균형을 유지하라.

여기에 많은 것이 달려있다.

# 자아自我는 동사動詞이다

불교 전통의 핵심 통찰, 즉 현상의 통렬한 공성空性에는 삶의 본성을 이해하려 노력하는 우리 모두를 위한 심오한 함의가 있다. 이 통찰은 우리가 사용하는 모든 명사가 임의로 만들어낸 것이라는 혼란스러운 사실을 가리킨다. 사람이나 장소나 사물이라고 하는 것은, 능숙하지만 피상적인 마음의 양상들이 세상의 유동적 흐름에 이름을 붙여서 조작할 수 있는 대상들로서 동결시키기 위해 발명된 관념일 뿐이다. 우리가 찍은 이러한 스냅 사진 너머와 그 이면은 광대하고 이름 붙일 수 없는 과정이다.

인간이 자신의 공허한 상태를 감추기 위해 사용하는 모든 명사 중 '나 자신'보다 영향력이 큰 것은 없다. 이것은 가끔 다르게 바뀌기도 하는, 이름·성별·국적·직업·열정·관계 등이라고 하는 각기 다른 이미지들의 연속으로 이루어져 있는데, 각 이미지들은 어떤 특수한 경험이나 다른 것의 흔적이다. 불교 전통의 핵심 가르침, 즉 무아無我의 가르침은 우리가 스스로에 대해 고수하는 재귀再歸적인 견해의 한계를 지적하고 있을 뿐이다. 무아는 자아가 존재하지 않는다는 것이 아니라, 다른 모든 것과 마찬가지로 함께 모여 만들어졌고 일시적이라는 것이다.

명상수행은 일어났다 사라지는 사건의 흐름을 탐구하는 데로 우리를 초대한다. 이 수행이 익숙해지면 마음이 만들어내는 가공물들이 수많은 플래시 카드처럼 시야에 나타났다 사라지는 방식을 비로소 이해할 수 있다. 우리는 카드를 섞고 나눠주는 날랜 손재주를 어쩌다 언뜻 볼 수도 있다. 대상들 너머에 과정이 놓여 있다. 자아는 과정이다. 자아는 동사이다.

그런데, 우리는 어떻게 자아화에 착수할까? 이것은 붓다가 아주 세밀하게 들여다본 부분이며, 그리고 그는 우리가 따라갈 수 있도록 이 자아화 과정을 드러내는 흔적을 남겼다. 이 흔적의 이름이 의존적 발생이며, (몇몇 연기 공식에서) 이것은 의식하는 순간에서부터, 즉 감각기관이 감각대상을 인식하는 것에서부터 시작한다. (그때나 지금이나) 대부분의 다른 사상가들은 '의식은 자아이다'라는 문제가 시작이며 끝이라고 여긴다. 대상이 존재하는 곳에 주관이 존재해야 한다. 그렇지 않은가? 주관과 대상은 서로를 규정하는 것이다.

그러나 적어도 초기 불교 전통의 가르침은 의식이 대상을 규정한다는 것을 인정한다. 알아차림은 무언가에 대한 알아차림이다. 그러나 음악이나 춤이나 운동이나 자연에 푹 빠졌던 소중한 순간에 대한 경험이 있는 사람이라면 알다시피 우리는 상응하는 주체를 만들어내지 않고도 대상들을 온전히 알아차릴 수 있다. 자아화는 선택의 문제이다.

한 대상이 한 감각기관에 의해 알려질 때, 접촉의 순간이 탄생한다. 이는 우리의 기본적인 경험의 단위인데 이 순간은 우리의 경험 세계가 구축되는 경험의 기본 단위이자, 존재하는 개체가 아니라 발생하는 하나의 사건이다. 지각과 느낌도 이 접촉의 순간과 함께 일어나며, 일어난 전체 꾸러미는 나아가 의도적 입장이나 태도에 의해 조건지어진다. 이 모든 것은 결국, 감각의 문에 정보가 나타나는 데 반응하는, 우아하지만 자아가 없는 (불교용어로 오온五蘊이라고 명명되는) 상호의존적인 물리적이고 정신적인 현상들의 일어남이다. 이처럼 일어난 것들은 괴로움에 처한 세속인이나 깨달은 붓다에게나 똑같이 기능한다.

자아를 구축하는 이 과정은 뒤따라오는 느낌의 색조가 띠는 질감에 대해 무지하게 반응하는 데서 출발한다. 욕망은 일어나고 있는 것과 일어나고 있기를 욕구하는 것이 균형을 이루지 못한 상태이다. 사라지고 있는 즐거움이 지속되기를 욕구하든 나타나고 있는 고통이 사라지기를 욕구하든 그 과정에는 차이가 없다. 어느 경우든, 욕망은 욕망하는 인격이 창조될 때라야 출현할 수 있다. (명사로서의) 자아는 욕망의 (상상적) 주체로서 창조된다. 이것이 자아화가 작동하는 모습이다.

　　이것이 작동되는 방식에는 붙잡음 또는 매달림이라는 중개적 기능이 사용되는데, 이 기능은 움켜잡기 또는 떠밀어내기로 이루어져 있다. 욕망, 즉 사물들이 있는 그대로가 아닌 다른 것이기를 바라는 욕구가 일어나면, 좋아하는 것을 움켜잡고 싫어하는 것을 떠밀어내는 반응이 행동으로 표출된다. 자아의 형성은 동사이며, 자아에 대한 견해는 그 잔여물이다. 이 둘은 상호의존적이고 순환적이게 되는데, 왜냐하면 자아에 대한 견해를 가지게 되면 자아를 실연해 보이거나 창조하게 되기 때문이다. 그리고 이는 차례차례 자아에 대한 견해 등을 강화하는 결과를 초래할 것이다. 문제는 자아가 실제로 존재하는가, 존재하지 않는가가 아니라, 경험하는 순간 자아가 있거나 없건 간에 현상들을 어떻게 볼 것인지이다. 이런 이유로 불교의 가르침은 개체의 존재를 부정하는 것이 아니라, 특정 유형의 잘못된 견해를 바로잡는 것이다. 빨리어 문헌들에서는 이 문제가 다음처럼 언급된다.

　　자아我가 존재할 때, 자아에 속하는 것我所이 존재한다.

자아에 속하는 것이 존재할 때, 자아가 존재한다.[50]

또는

이것이 자아의 발생(*sakkaya*)으로 이어지는 길이다. 그러므로 [모든 현상을], "이것은 나의 것이고, 이것은 나이며, 이것은 자아이다."라고 본다.…이것이 자아의 소멸로 이어지는 길이다. 그러므로 [모든 현상을], "이것은 나의 것이 아니고, 이것은 내가 아니며, 이것은 자아가 아니다."라고 본다.[51]

순간순간 경험을 분석함으로써 분명해지는 바는, 움켜쥠取着이 자아에 의해 행해진다는 게 아니라, 자아가 움켜쥠에 의해 행해지는 어떤 것이라는 점이다. 자아는, 경험에서 펼쳐지고 있는 것을 좋아하거나 싫어하는, 붙잡거나 떠밀어내는 존재를 마련하려는 단순한 목적 때문에 매 순간 구축된다. 의식과 의식의 대상 사이에 근본적인 상호의존성이 존재하는 것과 마찬가지로, 욕망과 욕망의 주체 사이에도 상호의존성이 존재한다. 하지만 주체와 대상 사이 또는 의식과 욕망 사이가 본래부터 묶여 있는 것은 아니다.

　붓다가 우리에게 선사한 선물은, 어떻게 의식이 욕망

에서 해방될 수 있는지를 볼 수 있도록 한다는 데 있는데, 이는 주체라는 매개적 부수 현상 없이 대상을 보다 친밀하게 인식할 수 있도록 해 준다. 욕망이 평정으로 대체되고, 모든 현상에 대한 알아차림이 이로써 자아에 대한 참조 없이 펼쳐질 때, 우리는 변화에 맞서기보다는 변화와 함께 움직이는 자유를 획득한다.

그러나 붓다의 말씀을 곧이곧대로 받아들이지는 말라. 자신의 경험에서 움켜잡기 반사가 어디서 일어나는지, 즉 '나'에게 좋거나 싫은 것을 붙잡거나 떠밀어내는 미세한 태도가 어디서 일어나는지를 알아내려 노력하고, 어느 순간 욕망이 평정으로 대체될 때 자신에게 어떤 일이 일어나는지를 보자.

자아화는 습관이며, 모든 습관이 그렇듯 무의식적으로 반복함으로써 강화될 수도 있고 의식적 알아차림을 통해 사태에 다르게 접근하려 의지함으로써 고칠 수도 있다. 한두 순간 자아를 운용하지 않더라도, 당신은 절대 사라지지 않으니 안심해도 된다.

하지만 당신은 더 이상 집착하지 않을 것이며, 또 이를 통해 적어도 잠깐이나마 고통받는 이는 사라질 것이다.

# 이 세상은 당신의 것이 아니다

붓다는 무아에 대한 교설을 말하면서, 다음과 같은 실례를 든다. "비구들이여, 어떻게 생각하는가? 만약 사람들이 이 제따숲祇陀林의 풀·떨어진 가지·나뭇가지·잎사귀를 가져가 버리거나 불태우거나, 자기들 하고 싶은 대로 했다면, '사람들이 우리를 데리고 가버리거나 불태우거나 하고 싶은 대로 하고 있구나'라며 생각할 수 있겠는가? '세존이시여 그렇지 않습니다. 왜 그러하겠습니? 그것은 우리 자신도 아니고 우리 자신에 속한 것도 아니기 때문입니다.'"[52]

하지만 오늘날 이 사례를 듣는다면, 더 이상 이것이 전혀 사실이 아니라는 것을 인정해야만 한다. 예를 들어, 그 풀밭이 아마존 숲속에서 불타고 있었다거나, 히말라야산맥의 나뭇가지들을 가져가버렸다면, 상당히 많은 사람들이 당연히 크게 우려했을 것이다. 왜 그럴까? 세계 자원의 보존을 위해 우리가 할 수 있는 바로 그것은, 가장 개인적인 소유물에 쏟는 것과 같은 관심과 보호 노력을 모든 풀잎에까지 확장하는 것이기 때문이다. 간단히 말해, 지구 전체의 범위를 확장하고 아우르기 위해 자기의 범위를 확장하는 것은 지구의 훼손을 보호하기 위해 선택된 길인 듯 보인다.

하지만 자신의 수많은 가르침 곳곳에서, 붓다는 자기를 규정하고 보호하려는 경향으로부터 큰 피해와 고통이 비롯한다고 지적한다. 자기는 무지에서 탄생되고, 갈망에 의해 길러지며, 자신의 일부라 여겨 좋아하는 것은 끌어당기고 좋아하지 않는 것은 밀쳐내는 끊임없는 집착의 순간들에 의해 영속화되는 결함 많은 전략이다. 어쩌면 세계를 아우르는 데까지 자기를 확대함으로써 우리는 훨씬 큰 애착과 고통의 상태를 만들고 있는 것은 아닐까?

이는 열대우림이 보호되어서는 안 된다고 말하는 게 아니라, 그 일을 대하는 우리의 태도가 큰 차이를 가져온다는 걸 시사하는 말이다. 우리 앞에는 많은 일이 산적해 있다. 우리는 우리 자신들로부터 지구를 구하기 위해 노력해야 하며, 아주 오랫동안 그 일을 할 가능성도 높기 때문이다. 어쩌면 우리는 '세상은 나의 것이야'라는 열정적 관점이 아니라, 무아적 관점의 지혜를 통해 거기에 도달할 수 있을 것이다. 같은 문헌의 다른 대목에서 붓다가 설하듯이, "네 것이 아니라면, 그것을 버려라. 그것을 버리고 나면, 오래도록 평안하고 행복하리라."

붓다는 인간 본성에 대해 날카롭게 통찰했다. 그는 돌보기, 양육하기, 보호하기 등 우리의 가장 좋은 자질들은 우리가 가지고 있다고 느끼는 것에서 비롯하지만, 탐욕·증오·망상에 뿌리를 둔 가장 나쁜 경향들이 '나의 것'으로 간주되거나 나에 의해 소유되는 그 모든 것들을 하나로 묶어 조직한다는 점도 사실임을 깨달은 것이다. 소유의 관점은 단기적으로나 협소한 관점에서는 유용한 견해일 수 있지만, 종국에 가서 자아는 선보다는 해악의 근원이다. 역사에는 소중히 여겨지기 때문에 파괴되는 것에 대한 슬픈 사례가 많다.

붓다는 다른 관점을 제시한다. 의존적 발생은 모든 것들 사이의 심오한 상호관계에 대한 이해 모델을 보여주지만, 이것은 자아를 인정하는 모델이 아니다. 어떤 것도 우리에게 속하지 않는다. 우리가 수호해야 할 어떠한 자아도 있지 않다. 우리 모두는 서로 함께 발생할 뿐이다.

만약 세상 전체가 나의 자아인데 누군가가 나타나서 그 숲을 불태운다면, 나는 분노하고 증오하며 복수의 충동으로 반응할 가능성이 크다. 다른 한편으로 무아적 태도의 맥락에서 동일한 행위가 일어난다면, 우리는 여전히 원인과 결과라는 매트릭스에서 살아가는 많은 이들의 행위와 고통 사이의 인과 관계를 파악할 수 있다. 나는 여전히 그 행동을 중단시킬 수 있고, 합법적으로 가해자를 잡아 그 행위에 대한 책임을 물을 수 있으며, 재발 방지를 위해 다양한 보호 조치를 시행할 수 있다. 그렇지만 이제 나의 반응은 지혜와 연민에 의해 인도되며 보다 큰 관점에 토대를 둘 가능성이 더욱 크다.

나는 이런 태도가 다른 것보다 더 숙련된 반응이라고 붓다가 주장하리라 생각한다. 그리고 얼마만큼 중요한지 묻는다면, 우리가 발휘할 수 있는 모든 숙련됨이 필요하다고 하겠다.

# 실체는 없다

이 몸色은 거품 방울과 같고
느낌受은 물거품과 같다.
지각想은 신기루와 같고
형성력行은 심지 없는 나무와 같으며
의식識은 속임수에 불과하다.[53]

불교 전통을 통틀어 보면, 분명히 모순되는 두 가지 인간 본성의 모델을 발견하게 된다. 불교에 막 입문한 이에게는 큰 혼란을 초래하는 대립처럼 보일지 모르겠지만, 어쩌면 우리가 익히 접해온 인간에 대한 두 가지 직관과 일견 유사해보인다. 하나는 인간은 근본적으로 결함이 있고 불순한 것들에 얽혀 있지만, 수행은 무한한 세월 동안 마음에 자리 잡아 온 불선한 심리적 뿌리를 극복하려는 영웅적인 투쟁이라고 주장하는 것이다. 그렇다면, 깨달음은 붓다가 설했다시피, 우리가 가지고 태어난 자연적인 경향성의 '흐름을 거슬러' 가는 끊임없는 노력이 필요한 극도로 힘든 과제라고 할 수 있다. 다른 모델은, 인간은 진정한 본성상 있는 그대로 깨달아 있고 결점이 없다는 입장을 취한다. 이 관점에서 보면 수행은 본래의 순수함을 드러내는 문제이다. 이 과정은 분투하는 대신 타고난 선함善性을 풀어주고 부드럽게 열어주는 방식에 기반을 두고 있다.

　　이러한 불일치를 어떻게 해석해야 할까? 내 견해로는 둘 다 사실이자 사실이 아니다. 이것은 달리 말해, 진퇴양난에 빠진 것이다. 초기문헌에 있는 붓다의 가르침을 살펴보면, 이 둘은 양극단을 관통하는 중도中道를 우리에게 보여준다는 것을 알 수 있다. 확실히 불교의 전통적 가르침인 탐욕·증오·망상이라는 세 가지 독三毒은 인간의 정신에 뿌리깊이 박혀 있으며, 이들 불선한 뿌리에서 일어나는 행동 대부분은 '악惡'(빨리어로는 papa)이라는 딱지가 붙을 만한 것들이다. 마음에는 잠재적 경향성隨眠 (anusaya)·장애蓋 (nivarana)·오염染汚 (kilesa)·족쇄結 (samyojana)·독소漏 (asava)가 퍼져 있다.

　　붓다의 가르침에 따르면, 진흙에 뿌리를 박은 채 자라나 수면 위에서 꽃을 피우는 연꽃처럼, 철저한 정화의 과정만이 진흙탕에서 벗어나면서 세상 너머로 열려 있는 의식을 나타날 수 있게 할 것이다.[54] 그러나 마음은 본래 스스로 밝게 빛나지만 '밖에서 온' 오염에 의해 더럽혀지기 때문에 그 나타나는 모습이 원래와 다를 뿐이라고 할 수도 있다. 이때의 마음은 다른 것보다 더 근본적임을 시사하는 단어가 된다. 이 묘사에 따르면, 인간의 본성은 세 가지 선한 뿌리를 함유하고 있다. 탐욕 없음無貪·증오 없음無瞋·망상 없음無癡 (또는 보다 긍정인 방식으로 말하면, 관대함布施·자애로움慈悲·지혜智慧이다.). 이들 선한 뿌리가 불선한 뿌리보다 덜 깊지 않을까 의심할 이유는 없으며, 심지어 선한 뿌리가 훨씬 더 깊을지도 모른다. 그렇다면, 중요한 문제는 어떤 기질이 더 정확히 인간의 본질적인 본성을 나타내고 있는지이다.

하지만 붓다 통찰의 핵심은, 실체는 없다는 것이다. 이게 사실이라면, 여기서 해악을 초래하는 것은 오히려 '실체적'이라거나 '본질적'이라는 개념이 아닐까? 중요한 것은, 어떤 때는 불선한 것의 극복을 강조하는 게 도움이 되고 또 어떤 때는 선한 것의 발견에 대해 말하는 게 최선인, 이 같은 수단을 숙련되게 다루는 문제가 아닐까? 어느 쪽이든, 확실히 미숙한 선택은 어느 한 쪽 견해에 애착하는 것이다. 우울한 고뇌에 대한 것이든, 매혹적으로 빛나는 본성의 완벽함에 대한 것이든 간에, 내가 볼 때 실체에 대한 모든 담론은 적어도 초기 불교 전통에 나타나는 붓다의 가르침과는 단연코 상반된다는 인상을 준다.

문헌에 '조건지어지지 않은無爲' 또는 '소멸하지 않는不滅' 같은 용어들이 등장하는 것은 사실이지만, 이 용어들로 인간 본성의 '본래적' 또는 '실체적' 측면들을 기술하는 대목은 그 어디에도 없다. 여러 니까야(붓다 말씀의 초기 모음집)가 집성되었던 시기 동안 이 말들은 베다와 우파니샤드의 공통된 특징이었으며, 브라만 전통의 바로 그 바탕을 이룬다. 사실상 붓다의 아나따無我 no-self 가르침과 빠띳짜 사뭇빠다緣起 dependent origination는 바로 이 개념들에 대한 반론이었을 가능성이 크다. 하지만 붓다는 아지비까邪命外道와 자이나교의 일부 등 다른 파에서 제시한 관념도 똑같이 비판했는데, 그것은 인간의 경험에서 자연적으로 발견되는 번뇌는 이번 생에서 변환시킬 수 없다는 관념이었다. 내재적 선과 내재적 악 사이의 중도中道는 바로 인간 본성이 상호의존적으로 일어나는, 선하거나 불선한 요소들의 산물이라는 통찰인데, 이 같은 연기는 법칙적이고 인식할 수 있는 패턴들을 띠며 순간순간 나타난다. 이 패턴들은, 마음챙김을 통해 밝혀질 수 있고, 지혜를 통해 이해될 수 있으며, 바로 비실체적이기 때문에 수행을 통해 바뀔 수 있다.

초기 문헌의 수많은 구절은 인간 본성의 불완전한 측면을 강조한 후 장애들에서 벗어나는 정화의 길을 언급한다. 그중 한 구절을 택해보겠다.

안으로 엉켜 있고, 밖으로도 엉켜 있어
중생들은 엉키므로 뒤얽혀 있습니다.
고따마시여, 당신께 여쭈오니
누가 이 엉킴을 풀 수 있습니까?
탐욕과 성냄, 무명이 깨끗해진
삼독이 파괴된 아라한들,
이들이 이 엉킴을 푼다.[55]


하지만 명료하고 지혜로운 마음의 본성적 역량을 강조
하는 많은 구절 역시 찾을 수 있다. 다음은 이것들 중 가장 친
숙한 구절이다.


비구여, 마음은 밝게 빛난다.
마음은 우연히 일어나는 번뇌에 의해 더럽혀져 있다.
비구여, 마음은 밝게 빛난다.
마음은 우연히 일어나는 번뇌로부터 정화되어 있다.[56]


불교를 배우는 학생에게 이 문헌이 가진 유용성의 정
도는 얼마나 세밀하게 읽고 얼마나 정확하게 이해하는지에
달려 있다. 모든 감각적 지각의 경우와 마찬가지로, 마음은 즐
거운 느낌의 색조를 띠면서 함께 일어나는 정신적 사건들에

끌리며, 불쾌한 것들과 연계된 것들은 피한다. 이것은 우리의 생각과 견해를, 이미 자신이 친숙하고 편안해하는 영역으로 이끌며, 자신을 도전케 하거나 불편함을 가져오는 것에서는 벗어나게 하는 경향이 있다. 이 경향성은 인간 본성에 관한 사고방식의 양극화에 기여한다. 인간 본성이 무조건적으로 고착화되어 있다고 믿는 태도가 어떤 해악을 가져왔는지 우리는 역사를 통해 잘 알고 있다.

명상에서 일어나는 경험에 대한 애착도 마찬가지일 수 있다. 끊임없이 일어나는 고통스러운 심리적인 '사태들'을 깊이 들여다본다면, 인간 본성은 오염되어 있다는 견해로 이끌릴지도 모른다. 장엄한 빛과 그 청정함을 언뜻 본다면 선천적인 순수함을 당연히 확신할지도 모른다. 전자의 경우, 불선한 결함은 붓다가 생각했던 것보다 훨씬 더 견고하고 다루기 힘든 것처럼 보인다. 후자의 경우, 마음의 빛나는 성질들은 붓다가 명상과 변혁을 위한 장으로서 기술한 현상학적 현현물phe-nomenological manifestations보다 훨씬 더 신성한 실재로 이해될 수도 있다.

나는 개념적 이론이라는 휴대용의자를 이리저리 다시 놓아보는 것보다는 정신적 구축물의 구성 아래에서 일어났다 사라지는 경험의 뉘앙스에 주의를 기울이는 편이 더 나으리라 생각한다. 인간 본성이 선천적으로 선한지, 아니면 악한지의 여부는 심지어 아무런 상관도 없을지 모른다. 더욱 중요한 문제는 바로 지금 우리가 이 마음을 가지고 무엇을 하고 있는지이다.

KARMA

제7장 까르마

# 행위 안의 까르마

존재는 자신의 행위를 소유하는 자이며, 그 행위
를 상속하는 자이다. 이들은 자신의 행위로부터
유래하는 자이고, 자신의 행위에 구속되는 자이
며, 자신의 행위를 의지처로 삼는 자이다.[57]

까르마業는 오늘날 점점 더 많이 접하는 단어이다. 애
석하게도 이 단어는 대개 '운명'이나 '숙명'을 의미하는 양 거
의 매번 남용된다. 이를 피할 수 없다 해도 안타까운 왜곡이
다. 왜냐하면 까르마는 원래 불교적 맥락에서는 비할 데 없는
깊이와 의의가 있는 개념이기 때문이다.

까르마라는 단어는 단순히 '행위'를 의미하며, '~을 하
다' 또는 '~을 만들다'를 의미하는 어근 √kr에서 파생되었다.
지금 이 단어에는 구별되는 세 가지 의미가 있다. 이 개념이

특별한 이유는 이 셋 모두가 동일한 과정의 나눌 수 없는 측면들이라는 점이다. 우리는 (1) 어떤 것을 하기로 한 결정, (2) 그것을 실행하는 행위, (3) 그럼으로써 이루어낸 것 또는 행위의 결과, 각각을 전혀 별개의 것으로 생각하는 데 익숙할지 모른다. 그러나 불교에서는 이 셋을 동일한 전체의 부분들로 이해한다. 의도는, 까르마의 끝단에 있는 그것의 형성물이나 성향을 축적해 온 방식대로 신체·언어·마음의 활동이 행위를 하도록 지휘하는 그 앞단이다. 달리 말해, 행위는 결정을 내리는 '~하기'에 후속하며, 고유한 인격이 형성되는 '만들기'가 이어진다. 까르마 이면에 있는 주된 함의는 따라서 자신이 행위하기로 결정한 바와 그럼으로써 자신 스스로가 이루어낸 것 사이의 관계성에 주목하라는 것이다.

　　이는 아마 행위에 해당하는 이 단어가 행위를 행위하다*sankharam abhisankharoti*[58]라는 표현에서처럼 동사와 명사로 함께 사용될 때 가장 잘 나타날 것이다. '형성물을 형성하다'·'구축물을 구축하다'·'창조물을 창조하다'·'제작물을 제작하다'처럼 이것은 여러 방식으로 표현할 수 있다. 어떤 식인지 알 것이다. 말하자면, 행위가 실연될 때, 그 행위는 어떤 것을 만들어내는 활동과, 그 활동의 산물 즉 만들어낸 것 모두를 포함한다. 대개 이 빨리어 문헌에서 이를 표현하는 데 사용하는 이미지는 물레질하려는 도공에 대한 것이다. 도공은 자신의 의지에 따라 진흙으로 모양을 만들려는 창작 과정에 몰두해 있는데, 그 항아리를 물레에서 떼어내고 가마에서 굽더라도 이 항아리는 계속해서 그런 활동이 만든 공예품으로 남는다. 그래서 자신의 성향·인격·자아로 여기는 것 역시 불교 사상에서는 골화한 까르마의 유물 전시관으로, 다시 말해 이전의 의도와 행위의 역동적인 과정이 축적된 잔여물로 간주된다.

　　대부분의 서구적 사유가 밖을 향해 초점을 맞추고 있으므로, 우리는 외부 세계의 여건이 변화하는 데 반응해 선택을 내린다는 발상과 자신의 행위가 주변 환경에 변화를 일으킨다는 사실에 익숙하다. 이 관점에서는, 자신이 행하는 일과 자신의 행위가 스스로 의도한 외부적 변화를 가져오는 데 유효한지의 여부를 아주 중시한다. 하지만 불교 전통에서는 행위의 내적 차원에 더욱 관심을 둔다. 여기서 보다 중요한 물음은 "자신의 안녕감에 미칠 영향이 자신의 결정에 달려 있는가?" 그리고 "자신의 행위를 통해 어떻게 스스로 변화하고 있는가?"이다. 이러한 견지에서 보면, 우리가 무엇을 하는지는 그것을 어떻게 하는지에 비해 훨씬 덜 중요하다. 까르마는 원래, 행위를 통해서 자신이 스스로를 어떻게 만들어가는지, 그리고 자신이 스스로에 의해 어떻게 만들어지는지와 관련이 있다.

　　자기는 가소성이 뛰어나다. 자기는 매 순간 의도에 따

라 틀에 맞춰 변형하기 쉬운 진흙덩이다. 과학자들이 오늘날 뇌에 의해 어떻게 마음이 만들어지는지 뿐만 아니라, 어떻게 마음에 의해 뇌가 만들어지는지도 발견하고 있는 것과 마찬가지로, 그렇게 붓다도 오래전에 성향은 의도를 조건 짓고 의도도 역으로 성향을 조건 짓는다는 상호의존적 과정을 기술했다. 우리의 삶을 실질적으로 표현하고 있는 이러한 행위는 단지 중개자일 뿐인데, 왜냐하면 우리가 구축해 온 이 세계는 항상 다시 만들어지고 있는 우리 자신의 파생물에 지나지 않기 때문이다.

화가 난 순간에, 가령 행동이나 말로 표현하든, 아니면 단지 표현하지 않고 속을 끓이든, 우리는 분노 성향의 얇은 겹을 겹 씌움으로써 (다시 동사와 명사가 겹친다.) 더욱 화가 난 상태가 되도록 자신을 길들인다. 그렇게 분노를 표출하는 사람은 어떤 도발에도 더 쉽게 다시 분노를 표출할 것이다. 그러나 자애를 베푸는 순간에는 자애로운 성향이 쌓이며, 우리는 점점 더 자애로워진다. 경험의 대상에 분노로 반응하는지, 자애로 반응하는지 그 태도는 외부의 인과 관계에 영향을 미칠 뿐만 아니라, 점진적으로 자신의 바로 그 성향을 만들어 갈 것이다.

따라서 자신이 누구인지에 대한 비밀은 자신이 하는 행위에서 찾을 수 있다. 하지만 자신의 행위도 생성되고 있는 자기라는 더 큰 순환고리의 한 단계일 뿐이다. 우리는 자신의 과거로부터, 즉 자기라는 형태로 존재해 온 앞선 순간들로부터, 보다 정확히는 성향의 다발로부터 자신의 까르마를 물려받으며, 그 과거는 자신의 현재 의도를 이해하고 구축하는 방식을 형성한다. 그러나 우리는 매 순간 미래의 까르마를 손에 쥐고 있기도 한데, 왜냐하면 우리는 현재 경험에 일어나고 있는 그 어떤 것에도 반응하고 있기 때문이다. 이 반응이 대체로 선하거나 능숙하기를 바랄 뿐이다. 이것이 의식의 흐름에다 무엇을 물려줄지를 결정한다.

주어진 상황에서 어떻게 우리가 잘 반응할 수 있을지에 영향을 미치는 결정적 요인은 그 순간에 주의를 기울일 수 있는 마음챙김의 수준이다. 현재에 주의를 기울이지 않는다면, (대개 결함이 있고 고통을 일으키는) 학습된 행동과 조건화된 반응에 사로잡힌 채 무의식적인 의사결정 체계가 작동해서 저절로 우리를 다음 순간까지 데려갈 것이다. 다른 한편으로 만약 우리가 마음챙김을 확립해 현재에 대한 의식적 알아차림을 증가시킬 수 있다면, 우리가 할 수 있는 반응의 범위를 넓힐 수 있다. 분노 성향이 있더라도, 자애로운 행위를 선택할 수 있다. 극히 조건화된 체계와는 달리, 이것이야말로 자유의 본질이다. 그래서 까르마는 (서구적 사유에서 모든 존재에 대해 흔히 생각하듯이) 우리 외부에서 일어나는 것이 아니라, 훨씬 더 내밀한 것이며, 이 단어를 쓰기가 주저되지만, 심지어 사적인 것이다.

# 행위가 있는 곳

매 순간의 경험에는 두 가지 측면이 있다. 하나는 내용으로 당신이 알아차리고 있는 바로 그것이고, 다른 하나는 의도로 그 알아차림의 대상을 향해 있는 정서적 반응이 그것이다. 첫 번째 것은 사물을 대하는 불교적 방식과 큰 관련이 없지만, 두 번째 것은 대단히 중요하다.

불교심리학에 따르면, 인간의 경험은 6가지 대상(형태와 색깔色·소리聲·냄새香·맛味·촉감觸·생각法)에 대한 의식 중 하나가 일어나고 사라짐에 따라 매 순간 새롭게 구축된다. 이러한 일련의 순간들은 우리 각자에게 고유한, 경험의 주관적 흐름을 부여하면서 일어난다. 의식은 우리가 보고 있거나 듣고 있거나 만지고 있거나 생각하고 있을 어떤 대상을 항상 취하기 마련이기 때문에 우리는 언제나 어떤 것을 알아차리고 있다.

경험의 내용을 바꾸는 일은 쉽다. 두 눈을 감아보라.

당신의 시각 영역은 극적으로 변할 것이다. 눈을 떠보라. 경험의 내용은 나무랄 데 없는 아주 자세한 모습을 띠며 다시 확 돌아온다. 당신은 지난 화요일 점심으로 무엇을 먹었는지 기억하고, 복잡한 덧셈을 하거나, 복권에 당첨되면 무엇을 할지 공상하기를 선택할 수 있다. 우리의 심신 기관은 내용을 받을 준비가 되어 있으며, 이 장치는 끊임없이 한 대상에서 다른 대상으로 또 대부분의 경우 자동적으로 왔다 갔다 한다.

하지만 이 모든 것에 수반되어 행해지는 태도는 또 다른 문제이다. 형성력*sankhara*으로 불리는 온行蘊은 일어나고 있는 것에 끊임없이 반응을 형성하고 있기 때문에 그렇게 불린다. 이것은 또한 매 순간 새롭게 구축된다. 여섯 가지 감각기관 중 하나를 통해 어떤 대상을 알아차릴 때는 언제나, 그 대상에 대한 반응이 동시에 일어난다. 이 반응들 또한 의식의 고유한 흐름의 일부이며, 우리의 정서적 삶을 구성한다.

우리는 특정한 형태와 색깔을 보면 즐거워지고, 그 소리를 들으면 짜증이 나고, 그 맛을 맛보면 역겨워지고, 그 촉감을 느끼면 흥분되고, 그 생각을 생각하면 격분되고, 다른 어떤 것을 생각하면 평온해진다. 자동인형이라면 감각기관으로 어떤 대상을 단지 인지만 하는지 모르지만 인간은 인지와 더불어 풍부하고 미묘한 정서들을 동반하여 반응한다.

경험의 내용은 큰 관련이 없다. 왜냐하면 그 내용은 지각 기관에서 가져온 자료에 불과하기 때문이다. 마음을 포함해 감각들은 카메라처럼 어떤 것으로도 향할 수 있고 정보를 입수하여 처리할 것이다. 우리가 무엇을 보는지 만지는지 생각하는지는 그다지 중요하지 않지만, 자신이 경험하고 있는 것에 어떻게 반응하는지는 아주 중요하다. 이는 모든 까르마가 형성력行에 의해 만들어지고 전달되기 때문이다. 모든 정서적 반응은 일종의 행위이며, 모든 행위는 결과를 낳는다. 우리는 자신이 무엇을 행하는지가 아니라, 자신이 행하는 것과 어떻게 관계 맺는지에 의해 형성된다.

불교를 통해 변혁하는 길의 핵심은, 어떤 반응들은 유익하고 능숙한 것이어서 더 나은 사람이 되어 사물들의 본성을 이해하는 단계로 나아가게 하지만, 어떤 반응들은 심히 유해하고 능숙하지 못한 것이어서 망상만이 깊어지는 열등한 사람이 되는 데 영향을 미친다는 것을 인식하는 데 있다. 우리가 매 순간 발현하는 정서 반응들은 우리 자신과 우리의 행위에 영향을 받는 타인 모두에게 엄청난 고통의 근원이 될 수 있다. 해악은 그 내용이 아니라 경험의 내용이 동반하는 의도에서 비롯한다. 예를 들어, 문제는 내가 나와는 다른 민족이나 사회 집단에 속한 누군가를 생각하고 있다는 것이 아니라, 내가 증오나 질투 또는 두려움을 갖고서 그 사람을 생각하고 있다는 데 있다. 문제는 우리가 대상을 알아차리는 매 순간 반드시 함께 형성되는 이 의도들이 그저 경험에 수반되기만 하는 것은 아니라는 점이다. 의도는 우리가 뒤이은 경험에서 취할 행위들을 연속적으로 조건짓고 결정한다. 한순간의 분노는 다음 순간의 싸움·상처 주는 말·불쾌한 생각이 된다. 우리는 자신의 정서적 반응을 바탕으로 자신과 세계를 그야말로 만들어 내며, 사실상 우리가 누구인지 우리가 실제 어떤 세상에 살고 있는지는, 자신의 내면에서 펼쳐지는 이러한 일련의 정서적 반응들로 이루어진다고 해도 지나친 말은 아닐 것이다.

이는 흥미로운 일면을 수행이란 개념에 불어넣는다. 모든 것이 수행이다. 왜냐하면 우리는 이 다음의 자신이 되기 위해 항상 수행하고 있기 때문이다. 우리가 많은 시간과 관심과 노력을 기울이고, 경험에서 일어나고 있는 모든 것과 탐욕·증오·망상 없이 함께 지내는 법을 명상을 통해 배우는 데 쏟는 이유는, 이 순간에 이 세 가지가 우리에게 미치는 영향을 중단시킴으로써, 다음 순간에는 그 영향에서 자유롭게 되기 때문이다. 바로 지금 어떻게 자신을 유지하고 있는지는 자신이 미래에 무엇이 될지를 결정하는 열쇠이다. 이것은 그만큼 중요하다. 따라서 우리가 무엇을 행하고 말하고 생각하고 있는지에 덜 초점을 맞추되, 어떻게 행하고 말하고 생각하고 있는지에 더 중점을 두도록 하자.

여기가 바로 변혁의 길로 향하는 행위가 있는 곳이다.

# 하여간 이건 누구의 삶일까?

나는 이 나라에서 진정으로 환생을 믿는 사람들을 많이 알진 못한다. 당신은 어떤가? 나는 가끔 다양한 부류의 불교도들을 만나는데, 하지만 나처럼 그들 대부분도 인간 조건의 모델인 '한 번뿐인 삶'이라는 자신들의 문화가 가르친 바를 물려받은 것 같다. 이 때문에 나는 우리가 진정으로 받아들일 수 있는 고전 불교는 얼마만큼일까 하는 의문이 든다.

우리 각자가 자신에게 고유한 환상에 근거해 창조하는 세상의 특정 조건에 대한 습관적 반응에, 현재 자신의 정체성 중 얼마나 많은 부분이 포함되어 있는지를 안다면, 다른 생에서 '자기 자신'이 된다는 게 어떤 의미를 가질 수 있을까? 만약 우리가 다른 몸과 성별을 가진다면, 만약 훈육·언어·교육이나 기억·꿈·태도가 모두 달라진다면, 그 사람을 '나 자신'이라고 부르는 것이 얼마나 합당할까?

물론, 불교 교리는 이에 대한 답을 가지고 있다. '또 다른 생'에서는 말할 것도 없고, 지금 당신이 스스로를 '자기 자신'이라고 부르는 것도 말이 안 된다. 이 자아라는 느낌은 우리의 모든 고통이 생겨나게 하는 가정일 뿐이다. 불교의 중심 교설은 환상에 지나지 않는 자기라는 느낌을 놓아버리고, 몸과 마음을 내려놓으며, 자신이 일관성 있고 독자적이며 특별히 의미 있는 사람이라고 믿고 싶은 욕구를 스스로 치유하는 것이다.

나는 서구식 사회화가 실질적으로 이를 진정 불가능하게 하는 것이 아닐까 한다. 우리가 품고 있는 '자기 자신'이란 개념은 너무나도 뿌리 깊은 것이다. 현대 서구에서 자기성 selfhood은 우리의 세계관에 깊이 내재되어 있는데, 이것은 바로 우리가 헤엄치는 물이나 날아다니는 공기와 같다. 물과 대기가 없다면 수영과 비행이 아무런 의미가 없다시피, 우리로서는 '존재'를 자기성 없이는 상상조차 할 수 없다.

불교 전통에서는 환생을 이해하는 데 도움을 주는 몇 가지 유용한 은유를 제시한다. 우유가 굳은 우유로 변한 뒤 버터로 변하고 다시 버터기름으로 변하듯이, 각각 변화되어 나타난 것들은 상세한 점에서 다른 것들과 아주 다르지만, 이것들을 연결하는 인과적 맥락은 아주 자명하다.

그러니까 나는 아마도 죽은 지 오래된 누군가의 행위

를 상속하는 사람일 것이다. 나는 그 사람과 그 이전 사람들에게 감사하다. 왜냐하면 내가 상속해 온 까르마가 운이 좋았기 때문이다. 하지만 나는 '나'였던 그 사람과 관계하지는 않는다. '나'는 나의 몸·국적·언어·나만의 독특한 신경계에 의해 규정되는데, 이 모두는 이 특정한 삶의 특수한 맥락에서 유래하고 조건지어진다. 내가 내 이전의 자기를 전신前身으로 인정한다고 해도, 그 사람이 되는 게 어떤 것인지 어느 정도 직접 경험하지 않는다면 이는 오히려 추상적이다.

우리에게는 헤아릴 수 없이 긴, '이전의 자기들'이라고 해도 다소 어울릴법한 존재들의 행렬로부터 유래한 삶과 의식이라는 위대한 선물이 주어져 있다. 또한 우리에게는 현재 우리의 필요를 지탱하고 있는 정교한 생태계를 가진 물질세계도 주어져 있으며, 특별 보너스로 우리는 모든 것을 공유하는 다른 존재들과 함께 살아가고 있다. 그리고 그것이 우리가 직접 경험하는 범위이다.

이는 인간이 처한 상황을 메마르게 그린 것일까? 그렇지 않다고 생각한다. 우리를 둘러싼 이 모든 경이로운 것들, 즉 의식·자연·타자·마음을 초월하는 누군가가 필요할까? 의식을 초월하는 영혼으로 천국에 거주하든 또는 자연세계에 계속 다시 태어나든, 죽음에서 살아남을 존재들을 느낄 필요가 있을까? 우리에게 주어진 한순간의 알아차림은 아주 소중하다. 만약 우리가 운이 좋다면, 그 순간은 연속될 것이다.

내가 내 전신과 그 선조에게 감사한 마음을 느낀다면, 내가 다음에 무엇이 되든 큰 책임감과 큰 자비심을 느낄 것이다. 어쩌면 나는 미래에 우주비행사나 지금은 모르는 다른 어떤 직업을 가질지도 모른다. 나의 모든 행위·말·생각의 결실까지도 담고 있는 누군가는 내 까르마의 상속자가 될 것이다. 죽음의 순간까지도 나는 '자기'를 만들어 내는 데 일생을 바칠 것이며, 그 뒤에는 다른 누군가에게 넘겨야 한다. 그리고 그 누군가는 내가 키워 온 것들을 넘겨받을 것이고, 창조적으로 갱신할 것이며, 그 뒤 때가 되면 그만둘 것이다.

환생에 대한 이러한 관점에서 기인하는 세계관은 보시 *dana* 즉 관대함에 기반을 둔 세계를 필연적으로 포함한다. 우리에게 생명·의식·세계·함께 하는 다른 존재가 주어져 있다고 본다면 우리는 헤아릴 수 없는 관대함을 받는 사람이다. 죽음이 닥쳤을 때 그동안 받은 모든 것을 (기꺼이든 아니든) 내려놓고 돌려줄 때 우리는 나눔의 순환에 참여하는 자가 된다. 이 모든 행위의 질이 우리가 영향력을 미치는 유일한 것이다. 경험하는 매 순간에 대한 알아차림의 질이 우리의 세계가 펼쳐지는 곳이고, 우리의 성향이 만들어지는 곳이며, 우리들의 '자신'이 실제로 존재하는 것처럼 보이는 곳이다.

삶이나 자기는 우리가 이것을 알아차리는 만큼만 '나

의 것'이라고 말할 수 있을 뿐이다. 지난 생 동안 나는 내가 아니라 다른 누군가였다. 다음 생에서 나는 더 이상 내가 아니라 다른 이에게서 넘겨받은 나 자신일 것이다. 바로 이생에서의 내 과거와 미래도 마찬가지라고 할 수 있다. 몇 년 전 그런 어리석은 말을 한 게 정말 나였을까? 그리고 다음 주 내가 복권에 당첨될 때 그 짜릿한 순간을 경험하는 게 정말 동일한 나일까? 어떤 의미에서 나에게 진짜라고 여겨질 수 있는 유일한 부분은 현재 순간이며, 내가 일어나는 그대로를 명료하게 의식하지 않는다면 이조차도 상실하게 된다. 나머지 모두는 놓쳐버린다.

나는 우리가 이번 생에서 살아남지 못할 것이라는 사실을 받아들여야 한다고 생각한다. 불교적 의미에서 환생이 살아남기에 관한 것이었던 적은 결코 없던 것 같다. 연속성이 있을 것이며, 그래서 어쩌면 이번 생의 행위에 비추어 다음 생의 존재를 인과적으로 추적할 수 있을지도 모른다. 그러나 그것은 '내가' 아닌 또 다른 존재일 것이다. 불교도들이 다음 생의 존재는 현재의 존재와 같지도 않고 다르지도 않다고 말할 때, 우리는 (희망 사항으로 인해) 다르지 않다고 하는 일부만 듣는 경향이 있어, (죽음에 대한 두려움으로 인해) 같지도 않다고 하는 다른 중요성을 얼마간 놓친다. 한 존재에서 다른 존재로 이어지는 인과적 연속성을 추적할 수 있는 실타래는 우리가 뿌리 깊이 갈망하는 일종의 개인적 생존과는 전혀 다르다.

그렇다면 우리는 어떻게 보살이 될 수 있을까? 우리에게는 대안이 거의 없다. 우리는 싫든 좋든 모든 존재들의 이익을 위해 살고 있다.

문제는 단 하나다. 우리는 어떤 자질을 가지고 이 순간을 살 것인가?

# 호모 소피엔스

인간종은 진화하고 있으며, 오늘날은 주로 생물학적이라기보다는 문화적으로 훨씬 빠르게 진화하고 있다. 신체적인 변화는 계속해서 일어날 테지만 이렇게 아주 더딘 속도라면 우리는 아무것도 알아채지 못할 가능성이 크다. 그러나 인간 마음의 변화는 극적이라 우리 주변 모든 곳에서 볼 수 있다.

탐욕과 혐오라는 이 쌍둥이 같은 동력은 만족스러운 것은 더 원하고 불만족스러운 것은 없애기를 원하는 원초적 충동인데, 과거 원시 시대를 거치는 동안은 유용한 적응 도구였지만, 급속히 쓸모없게 되어가고 있다. 이제 우리의 공동체는 부족 단위가 아니라 전 지구적이고, 도구들은 원시적이지 않고 강력하며, 무기들은 대량 파괴를 할 수 있기에, 우리가 스스로의 활동을 통해 점점 새롭게 만들어가는 환경에 적응하려면 우리는 낡은 패러다임을 넘어서 진화해야 할 처지에 놓여 있다.

깊이 뿌리내린 욕망의 본능이 야생에서 동물이 살아갈 수 있도록 도왔듯이, 이 본능은 현재의 우리가 되도록 도와주었다. 탐욕은 사냥감을 뒤쫓아 먹어치우는 데 필요하고, 혐오는 위험한 순간들에 닥쳤을 때 생명체가 계속 살아남도록 도와주는 '투쟁 아니면 도주' 반응에 필수적이다. 하지만 인간들은 더 이상 넓고 비우호적인 야생에서 소규모의 가족 단위로 살지 않는다. 지금 우리 처지가 그렇듯이 이 비좁은 행성 안에서 어깨가 맞닿을 정도로 떼 지어 모여 있어, 우리 자신의 동물적 본능은 우리의 가장 위험한 포식자가 되었다.

어떤 이유였는지 모르지만, (그리 오래되지 않은 때에 일어난) 호모 사피엔스 전뇌부前腦部의 갑작스러운 출현은 인간들에게 전례 없던 역량을 가져다주었다. 이 역량은 바로 자신이 무엇을 하고 있는지 또 자신의 행위가 주변 사람들에게 어떤 영향을 미칠지에 대한 지속적인 의식적 알아차림이다. 불교도는 이 역량을 마음챙김念 sati과 명료한 이해正知 sampajana라고 부른다. 지혜가 계발되기 시작함에 따라, 깊이 뿌리내린 세 번째 본능인 망상을 뛰어넘어 진화의 과정이 시작할 수 있게 되었다.

무엇이 지혜의 역량보다 더 본질적으로 인간적인가? 지혜는 현상 너머 사태의 감춰진 본성을 꿰뚫어 보도록 한다.

이것은 무엇이 직관에 반하는지를 지각할 수 있게 하고, 무엇이 본질적인지를 인식하게 한다. 지혜는 가장 위대한 행복과 지극한 안녕이 갈망을 즉시 해소하거나 불편한 진실을 은폐하는 것 그 이상이라는 사실을 이해하는 능력을 준다. 특히 지혜는 탐욕과 혐오라는 타고난 욕구의 한계를 드러낸다. 그 손아귀에 있는 망상을 무너뜨리기 때문이다.

불교 전통은 다음 단계로 인간성을 진화시키려 노력하는 과정에 많은 도움을 줄 수 있다. 붓다 자신은 호모 소피엔스Homo sophiens, 즉 '지혜로운 인간'으로 불릴법한 이 새로운 종이 어떤 모습일지 입증한 이로 여겨질 수 있다. 45년간 마음의 깨달음과 육신의 죽음 사이에서 붓다는 탐욕·증오·망상에 뿌리내린 모든 상태가 청정해진 심신으로 살았다. 이 세 가지 불길은 '꺼졌으며' '소멸되었고', '그 연료들은 제거되었다'. 이것이 바로 니르바나涅槃라는 단어가 지칭하는 내용이다. 이는 초월적 영역이 아니라, 진화된 인간이라고도 말할 수 있는 변혁된 인간을 묘사하는 표현이다.

더 나은 사람이 되려는 목표는 매 순간 우리 모두가 닿을 수 있는 범위 내에 있다. 조건화된 반응이라는 원초적 멍에를 벗고서 의식적 삶이라는 분명히 실재하는 자유로 이행하는 데 필요한 도구는 바로 우리 앞에 놓여 있다. 우리는 몸으로 행위를 하거나 말을 하거나 마음을 쓸 때, 동물적으로 훈련된 무의식적 반사를 벗어나 지혜를 통해 더 높은 삶으로 인도하여 인간의 깨어있는 선택의 행위로 이끄는, 마음챙김이 선사하는 알아차림의 힘을 불러내기만 하면 된다.

붓다가 그랬듯이 드라마틱한 방식으로 이를 수행할 필요는 없다. 이번 생애에 이 일을 '완수'하지 못할 수도 있으며, 우리의 마음과 몸이 과거 업의 삼독三毒이 유전되어 나타나는 바로 그 메커니즘을 뿌리 뽑지 못할 수도 있다. 하지만 세 가지 독에 물든 마음이 일어날 때, 그 정도가 얼마가 됐든 이 순간만이라도 이를 알아차리고 그 정체를 이해하며 그 취착을 버릴 수 있다면야, 우리는 전반적으로 전진하고 있는 것이다. 그리고 탐욕·증오·망상이라는 불선한 뿌리에서 벗어나는 소박한 해방의 순간은 틀림없이 괴로움이 없는 순간이다.

때때로 압도적인 반대 증거가 있긴 해도, 나는 객관적 역사 연구를 통해 인간종이 실제로 더 지혜롭고 친절하며 더욱 고귀한 미래를 향해 진화하고 있다는 사실이 드러나리라 믿는다. 붓다와 그의 가르침은 인간성에 대한 통찰을 불러일으키는 데 많은 관련이 있으며, 오늘날은 이러한 가르침이 인간의 잠재력을 새롭게 일깨우는 데 기여할 수 있는 상황일지 모른다.

우리에게는 펼쳐지기를 열망하는 아름다운 무언가가 있다. 식물처럼 유기체인 그것은 숨 막히게 하는 잡초를 솎아내고, 친절함과 관대함의 물을 주며, 지혜라는 밝은 보살핌의 빛을 쬐어주기만 하면 된다.

마음챙김은 우리가 이 희망을 돌볼 수 있는 방법이다. 이제 자유롭다고 말해보자. 그리고 우리가 어떻게 될지 지켜보자.

THE EMERGENCE OF MINDFULNESS

제8장 마음챙김의 발현

# 아비담마의 관점

> 붓다께서 가르치신 바를
> 체계적으로 수행하면서,
> 호흡에 대한 마음챙김을
> 온전히 계발하고 완수하는 이,
> 그는 구름을 벗어난 달처럼
> 이 세상 전체를 밝힌다.[59]

영어는 물질계의 특징을 설명할 때 여러모로 풍부하지만, 내적 경험과 같은 미묘한 분야를 표현하는 데는 아주 서툴다. 이는 대체로 의식·명상·심리학에 관한 현재의 대화가 가끔 혼란스러워지는 이유이다.

인도의 언어와 문학을 연구하면서 얻는 만족감은 마음의 상태에 대해 더욱 풍부하고 정확한 어휘를 제시할 수 있다는 데서 온다. 그리스 철학자들이 모든 물질이 비롯되는 보편적 실체를 찾으려 애쓰고 있었던 그때, 인도의 철학자들은 의식의 질감을 경험을 통해 직접 탐색하고 있었다. 영혼에 대한 관심이야말로 철학자가 주의를 기울여야 할 적절한 것이라고 소크라테스가 제안했을 무렵, 붓다와 그의 직제자들은 자세하고 고도로 발달된, 살아있는 경험 체계로서의 몸과 마음의 지도를 그렸다.

이 구전 지식이 담겨 있는 문헌들이 아비담마*Abhidham-ma*이다. 이것은 다르마에 대한 서사적 맥락에서, 경험 현상에 관한 붓다의 핵심 가르침을 추출해 이를 보다 체계적이고 일관되게 제시하려는 시도이다. 마음챙김은 무엇인가? 나는 이 질문을 숙고하면서 아주 엄밀한 아비담마의 맛을 보여주려 한다. 현대 논의에서 이 단어의 중요성은 커져가지만, 그 의미는 점점 더 불분명해지고 있는 것 같다. 다행히도 아비담마 전통의 풍부한 어휘와 명상 관련 통찰을 통해 '마음챙김'이란 단어가 지시하고 있는 바를 보다 잘 이해할 수 있을 것이다. 이 과정에서, 마음이 어떻게 기능하는지에 관한 일반적인 관찰도 담을 것이고, 신중한 명상수행에 의해 이 기능들이 어떻게 증대되는지를 기술할 것이며, 마음챙김의 계발과 지혜의 발생 사이의 관계를 다룰 것이다.

## 의식의 본성

아비담마에 따르면, 연속하는 과정 속의 잇따르는 에피소드들처럼 의식은 매 순간 일어났다 사라진다. 의식은 존재하는 어떤 사물이 아니라, 의식의 흐름이라는 주관적 경험을 낳으면서 되풀이해 일어나는 어떤 사건이다.

의식 그 자체는 상당히 단순하고 소박하다. 이것은 단지 감각기관에 의지해서 감각대상을 인지하는 것으로 구성되어 있을 뿐이다. 이 사건들은 여러 가지 다양한 마음의 요소들心所이 구체화되는 일종의 씨앗 같은 역할을 하는데, 의식心을 도와 아주 순식간에 그리고 쉼 없이 감각의 문에 스스로를 나타내는 자극들로부터 의미를 만들어낸다.

전통적 비유에서, 왕이 수행원을 동반하는 것처럼, 의식은 결코 홀로 일어나지 않는다. 의식에는 기본적 의식을 다양한 방식으로 구축하고 형성하며 지휘하는 마음의 다른 요소들이 동반된다. 우리 경험의 특질들은 뒷받침하는 이 모든 마음의 요소들이 형성한 고유한 조합에서 비롯하며, 이때 마음의 요소들은 변화하는 감각 데이터 및 마음의 종합적 구축물과 매 순간 상호작용한다. 빨리어 아비담마에서는 이들 마음의 요소를 모두 합해 52개로 열거하고 있다. (산스끄리뜨 아비담마 전통은 다소 다른 목록을 가지고 있지만, 여기서 다루지는 않을 것이다.) 학자들은 스콜라철학처럼 도가 지나친 철학적 산물이라며 이 철저한 마음 상태들의 분류표를 무시하는 경향이 있지만, 원숙한 위빠사나 명상수행을 하는 많은 사람은 이 문헌이 마음 내면의 풍경을 기술하는 정밀도에 전율한다. 이 분류표는 아버지와 어머니 사이에서 태어난 자식이다. 아비담마의 어머니는 명상을 통한 깊은 경험적 관찰이고, 아버지는 영감을 받아 조직화하는 지성이다.

마음챙김에 대한 아비담마의 관점을 검토해 보고, 수행에 유용한지 아닌지를 스스로 판단해 보라. 나는 명확성을 기하기 위해 빨리어 용어와 그 목록상의 번호를 따라 각각의 마음의 요소들을 확인하겠지만, 마음의 요소 전부를 검토하거나 엄격하게 문헌의 순서를 따라 다루지는 않을 것이다.

## 공통되는 마음의 요소들

명상의 시작 지점은 경험과의 접촉에서 출발한다. 우리는 현재 순간에 일어나고 있는 것과 말 그대로 접촉觸 *phasso* ①을 한다. 만약 다음에 무엇을 할지 공상하거나 걱정하거나 생각하고 있다면, 당장 그것을 내려놓고 감각 중 하나에 집중해 보자. 내가 숨을 들이쉬기 시작함에 따라, 이 순간 몸에서 일어나고 있는 현재의 물리적 감각은 무엇인가? 나는 창밖에서 지저귀는 새소리의 첫 단면에 바로 도달할 수 있을까? 어떤 것에 '관해 생각하는' 단계에서 바로 지금 실제 일어나고

있는 것과 '접촉하는' 단계로 내려가는 것을, 감각 중 하나에
처음 도달한 것으로서 감각과의 접촉이라고 한다.

우리는 이 감각이 거칠거나 미세하게 쾌감이나 불쾌감
의 느낌受 *vedana* ②의 색조를 항상 동반한다는 사실을 즉각 알
아차린다. 이것은 신체화된 감각, 즉 본능적 감수성에 대한 알
아차림을 가져오는 경험의 한 가닥이다. 모든 감각에는 그 자
신의 구별되는 성질, 즉 바로 지금 여기에서 그 경험을 하는
게 어떤 느낌인지에 대한 감각이 딸려 있다. 즐거운지 불쾌한
지 분명하지 않을 때조차, 의식의 흐름을 인지하는 흐름과 아
주 유사하게 느낌이 연속하도록 경험의 순간들을 하나로 꿰
면서, 살아있는 유기체로 존재한다는 느낌의 원인이 되는 정
서적 색조가 존재한다. 명상을 통해 순전한 감각적 접촉觸과,
감각을 채색하는 느낌의 색조受 간의 차이를 식별하는 데 초
점을 맞출 수 있다. 자극과, 그 자극에 깊이와 선호를 부여하
는 느낌의 색조는 별개의 것이다.

지각想 *sañña* ③은 매 순간 의식과 함께 일어나는 마음의
또 다른 요소이다. 그 기능은 특정한 인지 에피소드에서 우리
가 보고 듣고 냄새 맡고 맛보고 감촉하고 생각하고 있는 것이
무엇인지를 해석하는 것이다. 지각은 연상·기억·분석·학습된
지각 범주·언어적 표지를 아우르는 폭넓은 네트워크에 기초
해 대상에 관한 앎을 조합한다. 지각은 감각 데이터를 유의미

한 사고 범주로 통역할 수 있게 하는 틀인 표상·상징·단어·아이콘이나 그 밖의 이미지들로서 나타난다. 이는 매 순간 자동으로 의식 아래에서 일어나지만, 명상은 증강된 주의력을 이 과정에 쏟도록 할 수 있기에 자신의 지각을 보다 의식적으로 알아차리게 되며 그럼으로써 지각 그 자체는 더욱 예리해질 수 있게 된다.

지금까지 우리는 다섯 가지 온 (산스끄리뜨어는 *skandha*이고 빨리어는 *khandha*) 다시 말해 다섯 무더기 중 네 가지인 물질적 형태와 색깔色·의식識·느낌受·지각想을 언급했다. 접촉은 물질에 기반을 둔 감각기관根 및 감각대상境과, 정신적 인식작용識이 하나로 합쳐진 것이다. 느낌과 지각은 경험이라는 그림을 더욱 풍부하게 채우기 위해 이 데이터를 더 증보한다. 네 가지 온 모두는 여기서 무슨 일이 일어나고 있는가? 그리고 바로 지금 내 경험에 일어나고 있는 것을 어떻게 이해해야 하는가? 같은 질문에 답을 얻기 위해 함께 작동한다.

아비담마에서 열거하는 52가지 마음의 요소 중 2가지 (느낌과 지각)는 독립된 온인 반면, 나머지 50가지는 모두 51번째 온 즉 형성력行 *sankhara*에 속한다. 이것들은 앞서의 것과는 아주 다른 질문을 던진다. 즉 나는 어떤 행위를 할 것인가? 또는 나는 어떤 의도적 태도를 보일 것인가? 의식·느낌·지각은 모두 '~을 알다'라는 동사에 기반하는 단어에 근거를 두고 있지만, 형성물에 해당하는 단어는 '~을 행하다'라는 동사에 뿌리를 두며, 현재 일어나고 있는 것에 대한 여러 갈래의 정서적 반응에 걸쳐 있다.

의도思 *cetana* ④라는 마음의 요소는 우리가 자신의 의지나 바람을 행사하게 하는 마음의 능동적 요소이다. 명상은 현재에 있기 위해, 또는 경험의 장에서 일어났다 사라지는 것을 알아차리기 위해 선택적으로 주의를 기울이는 의도적 행위로서 이해될 수 있다. 이른바 '무선택적 알아차림choiceless awareness'의 경우에서와 같이, 설사 마음을 애써 감독하지 않더라도, 일어나는 모든 것에 세심하게 주의를 쏟는 특정한 의도가 존재한다. 의도는 마음의 실행 기능을 포함하고 있는데, 이 능력의 힘으로 결정을 내리고 까르마를 낳는다. 불교 사상의 중요한 차이점은 이 실행 기능에 의도를 실행하는 행위자가 꼭 필요한 것은 아니라는 데 있다. 선택은 내려지지만, 선택하는 자는 존재하지 않는다. 그러나 이에 대해서는 또 다른 논의가 필요하다.

의도가 중요한 또 한 가지는 우리가 살펴볼 다음 마음 요소인, 주의作意 *manasikaro* ⑦를 어디에 어떻게 기울일지를 결정하기 때문이다. 무엇보다도 명상은 의도를 담아 주의를 특정 경험의 대상에 향하게 하는 것과 관련이 있다. 호흡에 주의를 기울이는 것, 모든 존재를 자애롭게 대하려는 의도에 주의를 기울이는 것, 생각이 구름처럼 나타났다 사라지는 그 광대한 하늘에 주의를 기울이는 것, 이 모두는 어떤 비일상적인 방식으로 마음에 주목하거나 마음을 조종하는 기능을 포함한다. 공상은 하나의 상상에서 다음으로 자유롭게 주의를 놓아두는 것이지만, 명상은 주의를 보다 선택적으로 기울이게끔 훈련하는 마음 수행이다. 대부분의 명상 지침에는 '주의를 ~에 두도록 하시오' 또는 '~에 주의를 기울이시오' 같은 이런저런 지시사항이 포함되어 있다.

이를 수행하는 구체적인 방법은 주의의 초점을 맞추거나 心一境性 *ekaggata* ⑤ 또는 단일 지점에 집중하는 것이다. 이 마음의 요소는 모든 유형의 명상에 필수적인 것처럼 보인다. 왜냐하면 마음에 초점을 맞추면 마음의 힘이 상당히 증강되기 때문이다. 시간적으로 마음이 한 대상에서 다른 대상으로 재빨리 옮겨가거나, 공간적으로 이 대상에서 저 대상으로 돌아다닌다면, 마음은 어떤 것을 명료하게 볼 수 있는 심도와 안정성을 낳지 못할 것이다. 마음, 즉 의식·의도·주의를 한 지점에 맞추는 것은 마음의 역량을 특정 목적에 활용하는 방법이다. 불교 전통은 선정禪定 *jhanas*이나 다른 말로 몰입처럼, 특히 이러한 기능에 기반한 집중명상을 보유하고 있지만, 명상의 모든 형태에는 일정 수준의 집중이 필요한 듯이 보인다.

그럼 우리는 지금 명상을 하고 있는 것일까? 놀랍게도

그렇지 않다.

아비담마에 따르면, 위에서 언급한 마음의 요소들은 모두 우리가 명상하든 하지 않든 마음의 매 순간에 존재한다. 마음의 여섯 요소는 (일곱 번째 요소가 있지만, 직접 관련은 없다) 모두 의식의 매 순간을 형성하고 지휘하는 것을 돕는 데 관여해야 한다. 그리고 자동으로 그렇게 한다. 이들 요소 중 어느 하나라도 없다면, 우리는 일상에서 정합적인 경험을 할 수 없을 것이다. 완전히 정신이 나간 듯 멍할 때나 악랄한 범죄를 저지를 때조차, 기본적 수준의 접촉·느낌·지각·의도·주의·초점은 작동한다. 이러한 요소들이 현전해 있다거나, 이러한 요소들을 함양한다거나 하는 것만을 가지고는 명상수행을 충분히 설명할 수는 없다.

## 특정한 마음의 요소들

그 다음으로, 아비담마에서는 일상적으로 항상 현전하지는 않지만, 특정한 경우 나타날 수 있는 여러 마음의 요소들을 검토한다. 이 요소들이 없어도 우리는 계속해서 정상적으로 기능할 수 있지만, 이것들이 현전할 때는 특정한 부가적 역량들이 나타난다. 이른바 여섯 가지의 특정한 마음의 요소들이 존재하는데, 이것들은 개별적으로나 다양하게 조합되어 일어날 수 있다. 이것들이 본질적으로 선성이나 불선성을 갖추고 있는 것은 아니기 때문에 윤리적으로 중립적인 마음의 요소로 불리기도 한다. 이것들은 아름다운 마음 상태에서든, 추한 마음 상태에서든 동일하게 작용할 수 있다.

이들 마음의 요소의 첫 번째는 초기적 적용족 *vitakko* ⑧이다. 이 단어는 그다지 우아한 표현은 아니지만, 그 용어의 의미에 충분히 잘 들어맞는다. 이것은 자신의 마음을 의식적이고 의도적으로 선택한 경험의 대상에 두는 역량을 가리킨다. 수학 문제를 풀거나 자세한 이야기를 다시 얘기할 때, 아니면 명상수행 중에 마음이 표류하고 있음을 발견하고서 마음을 (물론 부드럽게) 호흡에 다시 적용할 때, 당신은 특별한 방식으로 이 기능을 발휘하고 있는 것이다. 모든 논리 정연한 생각은 마음의 주의를 관장하는 이 능력에 근거한다. 다시 말해, 방대한 계획 설계와 문제 해결 기술을 담당하는 것이다.

마음을 선택된 대상으로 향했다면, 마음을 거기에 붙잡아 두는 다른 요소가 필요하다. 이것이 지속적 적용同 *vicaro* ⑨이다. 이미 알고 있겠지만, 당신의 마음을 산란하게 만들어서 한 대상에서 다른 대상으로 계속해서 그 주의가 옮겨 다니도록 만드는 상당한 힘이 존재한다. 물론 이러한 주의의 산만함은 급격히 변화하는 환경에서 존재 가치가 있지만, 어떤 대상과 그 대상의 의미를 온전히 이해하기 위해 마음을 그 대상에 충분히 길게 붙잡아 두는 능력을 연습함으로써 얻게 되는 이득 또한 있다. 가령 호흡에 주의를 지속해서 붙잡아두려 노력하는 집중명상은 중단 없이 집중이 지속될 때라야 효과적일 것이다.

초기적 적용과 지속적 적용의 협력은 호흡에 대한 알아차림과 사무량심四無量心 수행, 모든 형태의 관상법 같은 구체적인 수행이 이루어지도록 마음의 훈련을 돕는다. 더욱이 이 두 마음 요소는 추가로 정진精進 *viriyam* ⑪의 뒷받침을 받을 수도 아닐 수도 있다. 어떤 때는 마음이 순조롭게 진로를 따라 제어되어 특별한 노력이 필요하지 않을 때가 있다. 다른 때는 마음이 노새처럼 고집불통이라 고삐를 잡아당기거나, 세게 걸어찰 필요가 있을 때도 있다. 정진은 저절로는 매번 나타나지는 않는 마음의 요소이며, 대체로 애를 쓰거나, 필요하면 힘을 일으킬 때 이 마음의 요소가 언급된다.

다른 세 가지 요소들, 즉 결정勝解 *adhimokkho* ⑩·희열喜 *piti* ⑫·의욕欲 *chando* ⑬은 윤리적으로 가변적인 특정한 마음 요소들로 간주된다. 이 세 가지 각각은 의식의 질감에 다른 무언가를 더하며, 다른 상황에서 나타난다. 결정은 문자 그대로 빨리어로 '~을 향해 벗어남'인데, 이는 또한 확신이나 자신감을 의미하며, 단호하거나 결정적인 태도로 어떤 일을 행하거나 무언가를 생각할 때 기능한다. 희열은 강렬한 마음의 즐거움인데, 유감스럽게도 선하거나 불선한 맥락 어디에든 나타날 수 있다. 그리고 의욕은 단순히 윤리적으로 중립적인 충동·경향·행위 동기를 가리키므로, 불선성에 뿌리를 두는 욕망(탐욕과 증오)과는 관련이 없다는 점에 주목할 필요가 있다. 예를 들어 붓다가 적절한 때에 식사한다면, 욕망이나 식탐에 이끌리지 않고 그 목적에 맞는 행동을 한 것이라고 말할 수 있다. 경험에서 이 의욕은 심지어 가장 단순하고 기능적인 행동에도 선행하는 충동으로 이해될 수 있다.

　우리는 지금 마음챙김을 수행하고 있는 것일까? 가부좌를 틀고 등을 곳곳이 세운 채 앉아 호흡하면서 그 물리적 감각과 접촉하되 의도적으로 주의를 한 지점에 향하게 한다고 해서 꼭 명상을 하는 것은 아님을 우리는 이미 살펴봤다. 이것들은 모두 어떤 노력에도 자연스럽게 나타나는 요소들이지 명상에 고유한 것은 아니다. 만약 더 나아가 내가 들숨에 마음을 적용해서 주의를 유지하고, 결정·희열을 가지고 모든 생명체의 행복을 위해 무아적 성향을 동반하면서 정진을 다한다면, 명상을 잘 하는 것이라 볼 수 있다. 그러나 이것이 내가 마음챙김을 함양하고 있음을 반드시 의미하지는 않는다.

## 마음챙김 및 그와 관련된 마음의 상태들

　아비담마에 따르면, 마음챙김念 *sati* ㉙은 특수한 상황에서만 일어나는 선한 마음의 요소이다. 오늘날 이 용어는 대개 홀로 쓰이기보다는, 위에서 말한 여러 마음의 요소들과 조합된 형태로 언급된다. 고전 문헌 특히 《대념처경》에서 보면, 어떤 이는 한적한 곳으로 가 결가부좌를 하고 등을 곳곳이 세우고서는 마음챙김을 즉각적인 현전으로서 확립한다(sati-upatthana). 고전 주석서들의 관례에 따르면, 아비담마에서는 4가지의 마음챙김 정의를 제시한다. (1) 그 특성은 흔들리지 않거나 또는 마음이 그 대상을 벗어나 떠내려가지 않게 함이며, (2) 그 기능은 혼란의 부재 또는 잊지 않고 있음(사띠라는 용어는 기억 memory과 연관되어 있다.)이며, (3) 그 나타남의 양상은 객관적 현상의 장과 마주하고 있거나 또는 관계 맺고 있음이며, (4) 그 즉각적인 원인은 확실한 지각 또는 네 가지 마음챙김의 토대四念處(즉 몸身·느낌受·마음心·심적 대상法에 대해 억념憶念하고 있음)이다. 이들 정의 모두는 마음이 현재에 확실히 머물고, 현재 순간의 경험 대상에 대한 주의력을 높이며, 그 주의가 일상과는 다른 특별한 성질을 띤다는 것을 시사한다. 우리는 마음챙김이 동반하는 요소들을 살펴봄으로써 이에 관한 더 많은 부분을 배울 수 있다.

우선, 선한 마음의 요소善心所와 불선한 마음의 요소不善心所가 동일한 의식의 순간에 함께 일어날 수는 없다는 것이 아비달마 체계의 원리이다. 분명, 우리는 다양한 층위의 동기를 가지고 있으며, 행위와 관련해 여러 혼재된 영향력 아래에 놓여 있지만, 불교심리학에서는 행위가 개시되는 바로 그 순간에는 마음의 과정을 지배하는 의도 하나만이 존재할 것이라고 말한다.

마음챙김은 선한 요소라서 어떤 불선한 요소들도 나타나 있지 않을 때라야 진정한 마음챙김이 의식에서 일어날 것이다. 탐욕貪 lobho ⑱·증오嗔 doso ㉑·망상癡 moh ㉔과 이 세 가지 뿌리의 다양한 조합에서 파생하는 그 밖의 여러 정서적 번뇌 상태를 비롯해 14가지의 불선한 요소들이 있다. 이 사실은, 예를 들어 우리가 질투嫉 issa ㉒나 인색함慳 macchariyam ㉓을 느끼고 있다면, 이 상태들이 그 순간 동안 우리의 의식을 확고하게 장악하고 있다는 것을 의미한다. 이 상태들은 우리의 의도와 함께 일어나는 다른 모든 마음의 상태들을 강탈하고는, 나쁜 방식으로 행위하여 까르마를 낳도록 지휘하고 있는 것이다. 그러한 순간에는 마음챙김이 있을 수 없다.

그렇지만 바로 뒤따르는 순간은, 완전히 새로운 시작이다. 바로 여기에 선택권이 있다. 만일 우리가 마음챙김을 확고하게 훈련하고 이에 능숙하다면, 마음챙김하여 조사하는 태도를 통해 방금 지나간 질투나 인색함을 새로운 순간의 또 다른 어떤 대상으로 간주한다면 바로 여기에 선택권이 있다. 의식의 매 순간에는 대상과 그 대상을 인지하는 의도라는 두 가지 주요한 구성요소가 있다고 말할 수 있다. 마음의 대상은 이전 마음의 순간에서 유래한 불선한 의도들을 포함하여 그 어떤 것도 될 수 있다. 지금 여기에서 유지되는 의도는 형성력sankhara의 온行蘊을 구성하는 52가지 마음의 요소에 의해 형성될 것이다. 이 사실은 우리가 질투와 마음챙김을 동시에 할 수 없지만, 한순간에 질투하고 바로 다음 순간에 질투한 사실을 알아차릴 수 있음을 의미한다. 실제로 영적 계발로 일컬어지는 것 대부분은, 경험에서 어떤 상태들이 일어나고 사라지고 있는지를 먼저 알아차린 (이 자체로도 작은 도전은 아니다.) 후, 계속 동질화되거나 끌려다니지 않고 마음챙김을 하면서 어떻게 그 상태들을 볼지를 배우는 것이다(훨씬 벅차지만 불가능하지는 않은 과제이다.).

더욱 놀라운 아비담마의 통찰은 마음챙김이 항상 18가지 선한 마음의 요소와 함께 일어난다는 데 있다. 우리는 흔히 이 요소들이 서로 아주 다르다고 생각하지만, 이들 모두가 함께 일어난다는 사실은 한 상태가 서로를 특징짓는 보석의 여러 면들처럼 생각할 수 있다는 것을 말한다. 마음챙김과 함께 일어나는 선한 요소들의 범위를 꼼꼼히 살펴보면, 마음챙김의 현상학을 훨씬 더 자세히 들여다볼 수 있을 것이다.

먼저, 평정中立 tatra-majjhattata ㉞이 있다. 아비담마는 실제로는 이에 대해 (문자 그대로 '중간에 있음') 보다 전문적인 용어를 쓰지만, 이것은 경험이 일어날 때의 그 어떤 대상에 이끌리지도 강제되지도 않는 평온하게 머무는 태도인 평정과 기능상 동등하다. 그러므로 이것은 탐욕 없음無貪 *alobho* ⑫과 증오 없음無瞋 *adoso* ⑬을 그 특징으로 한다. 이 둘은 한편으로는 관대함이나 애착하지 않음을, 다른 한편으로는 자애로움이나 친근함을 표현하는 일반적인 아비담마의 방식이다.

　　당신은 이 세 가지가 연속적으로 어떻게 함께 작동하여 마음챙김의 가장 두드러진 특징을 설명하는지를 볼 수 있다. 진정한 마음챙김이 일어나면, 자신이 경험 안에 파묻혀 있다는 느낌이 아니라 마치 한 걸음 물러나 경험에서 무엇이 일어나고 있는지를 관찰하고 있는 것 같은 느낌이 든다. 이것은 분리감이나 무심함이 아니라, 오히려 좋아할 만한 대상에 끄달리고 있지 않거나 또는 싫어할 만한 대상을 밀쳐내고 있지 않다는 느낌이다. 양극단으로부터 등거리인 중간 지점에서, 우리는 경험을 더욱 친밀하게 하는 자유의 느낌과 마주친다. 역설적으로 보일지도 모르겠지만, 이 체계는 우리가 경험의 대상들에 대해 평온하기도 하고 자비롭기도 한 태도를 동시에 취할 수 있다고 제시한다. 자애로움은 다른 사람의 안녕감을 향한 호의적 의도로 나타나지, 자기만족을 위한 어떤 이기적인 욕망에 뿌리를 두고 있지 않다. 이와 유사하게, 평정이 관대함과 함께 일어난다는 것은, 서로 이득을 주고받으려는 욕망 없이도 다른 이와 가치 있는 것을 공유하려는 의도가 나타날 수 있다는 것을 말해준다.

또한 이 모든 마음의 요소들과 관련된 것들은 한 쌍을 이루는 '세계의 수호자들', 즉 자기존중慚 *hiri* ③과 타인존중愧 *ottappam* ③이다. 나는 이 번역어들이 일반적인 '도덕적 수치심' 과 '도덕적 두려움'보다 좀 더 낫다고 생각한다. 왜냐하면 이 러한 말들은 분명 불교심리학에서는 설 곳이 없기 때문이다. 이들 중 첫 번째 것은 우리에게 내재된 양심을 구성하는데, 이에 기반해 우리는 지금 하는 행위나 앞으로 할 행위가 적절 한지를 판단한다. 두 번째 용어는 사회적 양심 또는 대인 관계 적 양심이다. 포유류로서 우리는 집단의 다른 일원들을 향해 공감적 적응 본능을 가지고 있으며, 우리가 사회적 규범 내에 서 생각하고 말하며 행위하고 있는지를 반사적으로 이해한다 고 생각한다. 이 두 요소, 즉 자기존중과 타인존중은 모든 선 한 상태에서 항상 작동하고 있지만, 그 반대쪽인 즉 자기존중 의 결여無慚 *ahirikam* ⑮와 타인존중의 결여無愧 *anottappam* ⑯는 모든 불선한 상태마다 나타난다.

다음으로, 우리는 항상 마음챙김과 함께 일어나는 믿 음信 *saddha* ㉘을 가지고 있다. 모든 마음챙김의 순간은 확신 또 는 신뢰의 순간이기도 하다. 이것은 흔들리거나 유보적인 마 음 상태가 아니며, 불선한 의심疑 *vicikiccha* ㉗의 반대이다. 각각 두 측면을 갖는 여섯 가지 (그러므로 총 12개, ㉟~㊻) 관련 요소들을 살펴보기로 하자. 이 용어들은 거의 마음챙김의 형용사로 간주될 수 있는데, 경쾌함·가벼움·유연함·적합함·능숙함·올곧음이 그것들이다. 경험상, 이 요소들은 진정한 마음챙김이 나타나고 있을 때 유용한 지표 역할을 할 수 있다. 예를 들어, 들뜨거나 무겁거나 경직된 상태로 명상을 하면서 경험 대상을 관찰하고 있다면, 마음챙김이 현전하지 않은 것이라 확신할 수 있다. 같은 이유로, 이 여섯 가지 성질들 각각이 서로를 지지하고 특징지으면서 더불어 일어날 때, 마음챙김은 확실히 나타나 있는 것이다. 마음챙김은 평화롭고, 경쾌하고, 효과적이고, 유능하고, 도덕적으로 올바른 상태가 일제히 일어나는 마음의 상태이다.

## 마음챙김의 함양

지금까지 말한 것만 놓고 본다면, 마음챙김은 매우 어려운 조건들을 충족해야 일어나는 드문 마음 상태처럼 보일지도 모르겠다. 그러나 사실상 이것은 우리 모두 이런저런 맥락에서 종종 경험하는 아주 자연스러운 일이다. 명상수행을 통해 마음챙김을 함양하게 되면 우리가 무언가를 볼 때 그 본다는 사실을 알게 되고, 그 봄을 어떻게 계발해야 할지를 배우게 된다. 계발에 해당하는 빨리어는 바와나*bhavana*로, '~이 있게 하는 원인'을 단순히 의미한다. 명상 관련 문헌인 《사념처경》은 계발 방식에 관한 간단한 지시 사항을 다음과 같이 제시한다.

> 마음챙김이 내적으로 현전하기 때문에, '마음챙김이 내적으로 나에게 현전함을' 알아차린다. 마음챙김이 내적으로 현전하지 않기 때문에, '마음챙김이 내적으로 나에게 현전하지 않음을 알아차린다.' 일어나지 않은 마음챙김이 일어나기 때문에, 그것을 알아차린다. 일어난 마음챙김이 계발되고 성취가 이루어짐에 따라 그것을 알아차린다.[61]

마음챙김 명상을 할 때 우리는 마음챙김이 일어나기에 유리한 조건들을 만들기 위해 노력한다. 즉, 몸과 마음을 이완하고 경험의 특정 측면에 신중하지만 부드럽게 주의를 기울이면서도, 안락함과 편안함의 느낌을 상실하지 않고 경계를 유지하기 위해 충분한 노력을 기울인다. 이러한 조건들이 잘 유지된다면, 마치 자연이 선사하는 자비의 소산인 듯, 다시 말해 정신의 가장 깊은 곳에서부터 마음의 표면까지 명료함을 가져다주는 선물인 것처럼 마음챙김이 일어날 것이다. 그러면서 우리는, 마음챙김이 일어날 때는 이 상태가 지속되게끔 동요하지 않는 방법을, 마음챙김이 흐릿해질 때는 이것을 재

배치하거나 재연하는 방법을, 가슴과 마음의 아름답고 지속적인 습관으로 꽃필 수 있도록 그 뿌리에 끊임없이 물을 주고 땅에서 잡초를 뽑는 방법을 점차 배워간다.

현재 마음챙김에 매혹된 과학계가 불교전통의 이러한 윤리적 성분을 한쪽으로 제쳐두고서 명상의 기술 연구에 초점을 맞추려 하지만, 진정한 마음챙김에는 선함이라는 개념이 깊이 그리고 불가분하게 담겨 있다는 사실을 아비담마의 논의를 통해 볼 수 있다. 뇌과학이 그 이유를 아직 발견하진 못했지만, 그런데도 이 전통은 온전히 자신의 현상학적 탐구에 기대어, 마음이 해로운 행위에 연루되어 있다면 마음챙김은 출현할 수 없다고 선언한다. 가령 저격수가 표적을 겨냥할 때도 고도의 주의·집중력·정진력은 존재할 수 있지만, 그 의도가 생명을 빼앗는 맥락에 놓여 있다면 저격수는 항상 증오·망상·잘못된 견해邪見 *ditthi* ⑲나 다른 불선한 요소들의 지배하에 있을 것이다. 숲에서 벌목된 나무는 더 이상 나무가 아니라 한 조각의 목재인 것과 마찬가지로, 함께 일어나는 선한 요소들을 모체에서 뽑아내어 마음챙김 없이 주의를 높이는 데만 몰두한다면, 한낱 주의력과 다를 바 없다.

마지막 질문이 남아 있다. 진정한 마음챙김이 계발되도록 수행하고 있다고 할 때, 우리는 지혜도 함양하고 있는 것인가? 만약 명상定 *samadhi*이 고결함戒 *sila*이라는 면과 지혜라는 다른 면 사이의 가교라고 한다면, 마음챙김을 통해 필연적으로 지혜에 이를 수 있는가? 불편하겠지만 이 질문에 대한 대답은 다시, 그렇지 않다이다. 아비담마는 지혜慧 *paññā* ㉒ 를 마지막 마음의 요소로 열거한다. 지혜는 확실히 선한 요소이지만, 보편적인 선한 요소는 아니므로 마음챙김 및 그 이외의 것들과 자동으로 함께 일어나지 않는다.

　　사물을 진정 있는 그대로 볼 수 있도록 하는 지혜는 불교 전통에서 결정적인 변혁의 원리이다. 명상하지 않고도 주의를 집중할 수 있고 마음챙김이 현현하지 않더라도 명상을 수행할 수 있듯이, 마찬가지로 지혜를 함양하지 않고도 마음챙김을 수행할 수 있다. 만약 마음챙김이 (지혜에 해당하는 또 다른 단어인) 통찰과 결합되지 않는다면, 마음챙김 그 자체로는 우리의 이해력에 중대한 변화를 초래하지는 않을 것이다. 진짜 변혁은 경험에 ('이것은 나이고, 이것은 나의 것이며, 이것이 나의 모습이다'라고) 소유권을 투사하는 뿌리 깊이 박힌 반사작용을 뿌리째 뽑고, 대신 경험을 비영속적無常이고 비인격적無我이며 상호의존적緣起 현상들의 일어남으로 보는 데서 비롯한다. 마음챙김의 함양이 이러한 일이 일어나는 데 결정적인 조건이긴 해도, 마음챙김의 함양 그 자체로는 마음챙김의 완성이 성취되지 않을 것이다. 한 문헌에서 이를 두고 말하듯, 마음챙김은 한 손으로 알갱이의 껍질을 움켜잡는 것이고, 반면 지혜는 다른 손의 낫

으로 그 껍질을 쳐 내는 것과 같다.[61]

　　마음챙김의 일어남이 그러하듯이, 지혜의 발생도 의지력에 의해 강제되거나 명상의 기법에 의해 가공될 수 없다. 그렇지만 지혜의 발현을 뒷받침하는 이 조건은, 수면 위로 연꽃이 솟아오르듯이 또는 구름을 벗어난 달이 일순간 빛나듯이, 지혜가 저절로 펼쳐질 때까지, 마음챙김의 순간순간 꾸준히 그리고 일관되게 함양될 수 있다.

　　이것이 이 주제에 대한 마지막 이야기는 아니지만, 앞선 분석이 우리가 마음챙김을 학술 용어로서 어떻게 써야 할지에 대한 기준치를 다소간 높인 것이 아닌가 생각한다. 최소한 두 가지는 아주 분명해 보인다. 마음챙김보다 더 고귀한 마음의 역량이 거의 있을 수 없으며, 마음챙김의 함양이야말로 우리가 인간으로서 할 수 있는 가장 유익한 일의 하나임에 틀림없다.

미주

1. *Samyutta Nikaya* 22:91
2. *Samyutta Nikaya* 35:93
3. *Cullavagga* 6:4.4
4. *Majjhima Nikaya* 22
5. *Majjhima Nikaya* 38
6. *Anguttara Nikaya* 2:3.3
7. *Anguttara Nikaya* 2:2.10
8. *Digha Nikaya* 16:4.8
9. *Anguttara Nikaya* 3:65
10. *Mahavagga* 8:26
11. *Sigalakovada Sutta, Digha Nikaya* 31
12. *Majjhima Nikaya* 19
13. *Sutta Nipata* 935-39
14. *Samyutta Nikaya* 35:28
15. *Sutta Nipata* 642
16. *Maha Niddesa* l:42
17. *Samyutta Nikaya* 43
18. *Majjhima Nikaya* 38
19. *Majjhima Nikaya* 146
20. *Majjhima Nikaya* 2
21. *Anguttara Nikaya* 4:45
22. √ 표시는 단어가 파생된 어근을 나타내기 위해 쓰인다.
23. *Majjhima Nikaya* 152
24. *Majjhima Nikaya* 131
25. *Anguttara Nikaya* 1:4
26. *Anguttara Nikaya* 5:51
27. *Anguttara Nikaya* 1:4
28. *Samyutta Nikaya* 35:247
29. *Majjhima Nikaya* 19
30. *The Middle Length Discourses of the Buddha: A New Translation of the Majjhima Nikaya*. Bhikkhu Nanamoli and Bhikkhu Bodhi, Wisdom Publica-
tions, 1995, p.193.
31. *Samyutta Nikaya* 11:1.4
32. *Samyutta Nikaya* 11:1.4
33. *Samyutta Nikaya* 12:37
34. *Samyutta Nikaya* 12:37
35. *Mahavagga* 1:23
36. *Dhammapada* 254
37. *The Middle Length Discourses of the Buddha*, n. 229
38. *Majjhima Nikaya* 18
39. *The Book of the Kindred Sayings,* vol iii *(Samyutta Nikaya).* F. L.Woodward, Pali Text Society, 1975, p.36.
40. *The Connected Discourses of the Buddha: A New Translation of the Samyutta Nikaya.* Bhikkhu Bodhi, Wisdom Publications, 2000, p.882.
41. *The Middle Length Sayings.* Translated from the Pali by I. B. Horner, Pali Text Society, 1976, p.231.
42. *The Middle Length Discourses of the Buddha*, p.279.
43. *The Lankavatara Sutra*. Translated from the Sanskrit by D.T. Suzuki, Prajna
Press, Boulder 1978, p.xvii.
44. *Udana* 1:10
45. *Samyutta Nikaya* 35:93
46. *Majjhima Nikaya* 28
47. *Majjhima Nikaya* 10
48. *Samyutta Nikaya* 47:19
49. *Samyutta Nikaya* 47:19
50. *Majjhima Nikaya* 22
51. *Majjhima Nikaya* 148

52. *The Middle Length Discourses of the Buddha*, p.235.
53. *Samyutta Nikaya* 22:95
54. *Theragatha* 700–701.
55. *Samyutta Nikaya* 1:13
56. *Anguttara Nikaya* 1:5
57. *Majjhima Nikaya* 135
58. *Samyutta Nikaya* 12:51
59. *Theragatha* 548
60. *Majjhima Nikaya* 10
61. *Milinda Pañho* 2:1.8

# 옮긴이의 말

이 책은 욕망하고 분노하는 우리 마음에 관한 이야기이다. 2,500년 전 붓다는 인도의 옛 도시 가야Gaya에서 제자들에게 다음과 같이 말하였다. "세상이 불타오르고 있다. 무엇으로 불타고 있는가? 탐욕과 분노와 무지로 불타오르고 있다." 탐욕과 분노와 무지로 불타오른다는 붓다의 말은 어떤 의미일까? 과연 마음의 정체는 무엇이고 어떻게 작동하는 것일까? 저자 앤드류 올렌즈키는 이 같은 물음을 불교철학적 그리고 현상학적으로 사유하면서 우리 마음의 근본문제가 무엇인지, 또 그 해결책은 무엇인지를 그 일말을 제시하고 있다. 그는 현대사회가 처한 문제를 불교이론과 수행을 통해 접근한다. 또 심리학을 빌려오고 현상학적 관점에 서서 우리를 제약하는 마음이 무엇인지, 그것이 어떻게 자동반응적으로 작동하는지 설명하고 있다.

이 책의 원제는 'Unlimiting Mind'이다. 문자 그대로 풀면 '마음의 제약을 풀기'쯤 될 것이다. 저자는 여기에 제약되고 구속된 일상의 마음을 해방시켜 평안한 마음으로 되돌아가자는 집필 의도를 담고 있다. 흔히 '내 마음이 산란하다'고 할 때, 우리는 그 마음이 갈피를 잡지 못하고 내심 불안한 상태로 시달리고 있음을 표현한다. 불교에서는 마음이 한 대상에 집중하지 못하고 이런저런 감각이나 생각을 오가며 표류하는 상태를 일컬어 산란하다고 말한다. 말하자면 사마디定心에서 벗어난 모든 마음 상태 가리켜 산란한 마음散心이라고 정의하는 것이다. 불교적으로 볼 때, 일상의 모든 마음 상태는 산란하다. 다시 말해 산란한 상태의 마음은 주의가 한 대상에 정착하지 못하고 여러 대상으로 옮겨 다니는 상태이다.

우리는 자연계에 도사리는 온갖 위험에 대처하기 위해 주의를 분산하는 전략을 택해왔다. 동물들이 그렇듯, 이는 살아남기 위해 키워온 마음의 고유한 역량이기도 하다. 여섯 가지 감각기관六根을 통해 유입되는 다양한 감각정보六境를 식별하고 판독하여 문제 해결을 위한 행위를 하는 인간에게 여러 가지 일을 동시에 처리하고자 하는 산란한 마음은 인간의 기본적인 능력인 것이다. 이를 통해 인간은 위협으로부터 자신을 지키고 필요한 자원을 효율적으로 획득했다. 또한 우리는 마음에 드는 대상은 욕망해서 취하고貪, 그렇지 못한 대상은 분노하며 밀쳐내는瞋 경향성을 심화했다. 나아가서는 싫어하는 것으로부터 멀리 떨어지고 좋아하는 것은 수월하게 취할 수 있을 때 우리는 자유롭다고 말하기에 이르렀다.

붓다는 이 같은 본래적 경향성에 대한 관점을 전복해 마음의 기본 역량이 끼치고 있는 해악에 대해 설명한다. 이 취사선택의 습관화㸅는 좋아하는 대상은 더 좋아하고 미워하는 대상은 더 싫어하게 되도록 우리의 마음을 길들인다. 문제는 이러한 반응이 자동적으로 일어난다는 데 있다. 자동적인 호오好惡선택과 판단은 자동적인 탐욕과 분노를 불러온다. 붓다는 감각을 실마리로 해서 자동적으로 일어나는 탐욕과 분노의 추동 과정에 개입하기를 권유한다. 현재 일어나는 감각에 집중하는 방법을 통해서 우리는 이 같은 자동반응을 끊을 수 있다고 해결책을 제시했다. 그렇게 된다면 우리는 덜 욕망할 수 있고 덜 분노할 수 있다.

과거를 돌아보고 반성하며 미래를 예상하고 계획하는 것 역시 고유한 마음의 역량이다. 하지만 생각이 꼬리를 물고 이어져 우리는 반성 이상을 반성하고 계획 이상을 계획한다. 현재를 벗어나 미래로 또 과거로 향하는 마음은 궤도를 벗어나 불안과 후회에 도달한다. 빠빤짜戲論는 마음의 증식, 즉 감각 정보로부터 생각이 눈덩이처럼 불어나 파국화로 이어지는 일련의 마음 과정을 지적하는 말이다. 맹수가 출몰하는 산중에서 '바스락거리는 소리' 정보로부터 위협을 사전에 대처하는 역량과 회사 상사의 '심드렁한 표정' 정보로부터 질책을 염려하고 자신의 건강한 자존감을 무너뜨리는 데까지 이르는 마음의 역량은 일란성 쌍둥이다. 현재를 온전히 경험한다는 것은 희론을 중단하고 당면한 감각 정보에 집중하는 것이다. 이때 우리는 과거의 후회와 불안의 구속에서 자유로우며 또 탐욕과 분노에서도 자유롭게 된다.

　　불교에서는 탐욕·분노·무지를 삼독三毒이라고 하는데, 이는 인간 내부의 근원적 문제이다. 우리는 무지로 인해 세상을 있는 그대로 보지 못하므로, 늘 외부 대상을 과장하거나 축소시켜 욕망한다. 더 큰 문제는 우리가 욕망하는 것들이 늘 우리가 원하는 대로 있지 않다는 것이다. 세상은 늘 변화하므로無常, 우리는 근원적으로 불만족한 상태苦에 처하게 된다. 나아가 이 배후에는 모두가 변하고 세월이 지나도 변치 않는 '나'라는 피난처가 있다고 느끼지만, 불교에서는 이런 '나'의 존재를 부정한다無我. 붓다는, 늘 변화하고 불만족스러우며 변치 않는 자아가 없다는 사실을 세 가지 진리의 인증, 즉 삼법인三法印이라고 선언하며 인간의 처한 실존의 문제를 정리했다.

　　저자는 이 책에서 세 가지 핵심 키워드로 글을 전개하고 있다. 현대사회의 문제점과 불교적 대안은 무엇이고, 그것의 불교철학적이고도 현상학적 의미는 어떠하며, 불교의 마음챙김 수행을 통해 어떻게 극복할 수 있는가이다. 먼저, 현대사회의 문제점으로 환경파괴와 전쟁의 문제를 다루면서 불교가 어떤 대안을 제시할 수 있는지를 논의한다[서문, 2장]. 두 번째로, 현재의 경험과 이에 대한 알아차림을 중시하는 붓다의 가르침의 의미를 설명하고[서문, 1장, 5장], 우리가 어떻게 나와 세상을 구성하는지[6장, 3장], 우리의 행위가 갖는 의미[7장]를 상세하게 다루고 있다. 세 번째로는, 우리의 주의집중과 마음챙김을 수행의 측면에서 설명하고 마음챙김의 기본 요소와 이를 함양하는 법을 다루고 있다[4장, 8장].

각 장에서 다루는 핵심내용을 소개하면 다음과 같다.

서문에서 저자는 현대사회에서 인간이 처한 근본 문제와 불교의 핵심교리를 설명한다. 불교의 핵심교리로는 무상·고·무아의 삼법인과 상호의존성緣起, 깨달음覺, 도덕성과 윤리성戒의 문제를 다루고 있다.

1장에서는 더 큰 틀에서 붓다의 가르침을 설명한다. 붓다 입장에서 인간 내면의 경험세계를 보면, 우리는 마치 영화 매트릭스처럼 가상세계에 있는 것이나 마찬가지이다. 매트릭스와 다른 점은 인공지능 대신 자신이 그 중심부에 위치하며 자신의 관점에서 세계를 구성하고 바라본다는 것이다. 붓다의 제언은 자신의 경험을 반성하는 것이다. 즉 수행을 통해 자신이 처한 세계를 있는 그대로 보라는 것이다.

2장에서는 세상에 대한 관심을 통해 세상을 잘 보살피는 방법에 대해 말하고 있다. 저자는 우리가 탐욕·분노·무지로 고통받고 있으므로 이 문제 해결을 위한 마음챙김의 필요성을 역설한다. 나아가 환경이나 전쟁과 같은 범지구적 문제의 해결을 위해서 인간 고유의 역량인 보살피고자 하는 마음을 더욱 함양해야 하며, 개인뿐 아니라 집단적 마음챙김의 필요성도 제시한다.

3장에서는 의식의 문제를 이른바 주관적 마음과 객관적 뇌 어디에 놓고 풀어야 하는지 상호의존적 관점에서 밝히며, 우리가 자신만의 가상세계를 어떻게 창조해내는지, 그러면서 우리의 망상이 어떻게 실재의 본성을 오인하고 있는지 현상학적 관점에서 설명한다.

4장에서는 수행을 통한 극복 방안을 다루고 있다. 인간은 본성상 한 번에 하나씩만 주의를 집중할 수밖에 없기에 주의의 분산을 불러오는 산란한 마음을 멀리하고, 하나에 대상에 오로지 집중하고 알아차리는 마음의 역량을 강화하는 것이 중요하다고 저자는 말한다.

5장에서는 붓다의 가르침 중 핵심이 되는 연기의 교설 즉, 상호의존성을 설명하면서 불교가 과정적 사고에 기반한다는 것을 강조하고 있다. 모든 사람이 공통으로 겪는 빠빤짜의 문제를 다루고 이로부터 벗어나는 방법을 제시하고 있다. 결국 우리가 구축하는 희론의 세계는 가상적 성격의 띠기에 그 진정한 본성을 알아가는 방법으로 지혜의 필요성을 역설하고 있다.

6장에서는 무아에 대한 논의를 하는데, 마음이 개념적 구축물로서 자아를 만드는 이유와 통상적으로 의식이 감각·지각·기억 등과 어떻게 관계 맺으며 만들어지는지 설명하고 있다. 또한 자아가 구축되는 과정을 욕망·집착·습관화의 문제로 보면서 마음챙김을 통해 이 문제를 푸는 해결책을 제시하고 있다.

7장에서는 까르마業를 운명의 문제로 오인하고 있는 경향을 지적하면서 업에 내포된 여러 함의를 집어가면서 행위의 윤리성에 초점을 맞추고 있다. 나아가 개인의 생존이 아닌 자비와 연대의 기반이 되는 환생의 의미를 역설한다.

8장에서는 마음챙김의 진정한 의미를 불교의 전통 가르침인 아비담마의 논의를 통해 정리하고 있다. 여기서는 마음챙김이 단순한 집중의 기술 그 이상인, 여러 다른 선한 마음들을 수반하는 윤리적 성격의 마음상태임을 강조하고, 마음챙김과 관련된 마음상태들을 간략하게 해설한다.

최근 알아차림 혹은 마음챙김에 기반하는 명상 프로그램이나 심리치료 프로그램이 많이 소개되고 있다. 심리학계에서는 불교의 사띠sati 즉 마음챙김 개념을 핵심에 두고 명상 프로그램을 운영하고 효과성을 검증하고 있다. 여기서 우려스러운 것은 명상하기 위해 먼저 갖춰야 하는 윤리성이나 도덕성을 무시한 채, 단지 집중하거나 알아차리는 기술을 능숙히 구사하는 데 중점 목표로 두고 있다는 점이다. 본문에서 저자는, 저격수가 표적을 겨냥하는 경우에도 고도의 주의력과 집중력이 필요하긴 하지만 그 의도가 생명을 빼앗는 것이라면 진정한 마음의 평온을 가져다줄 수 없다고 말한다. 진정한 마음의 평온이 없다면 명상 프로그램의 효과도 미진할 것이다. 이런 점에서 윤리성과 도덕성은 중요하다. 수행이 윤리적임을 누누이 강조하는 이유는, 세상과 내면에 올바르게 관계하는 데 지혜가 필요하며, 올바른 관계적 지혜가 수반되어야 진정한 마음의 평온을 얻고 세계를 있는 그대로 볼 수 있다는 데 있다.

만약 우리 마음이 자신의 제약에서 벗어나면 구속되지 않는 마음이 될 수 있을 것이며, 속박되지 않는 무한한 마음이야말로 붓다의 마음, 즉 '붓다 마인드'라고 생각해서 서명을 정했다. 밝혀두면, 서문을 비롯해 1장~3장은 박재용이, 4장~8장은 강병화가 번역했다.

2018년 여름
옮긴이 박재용·강병화

**박재용** 연세대에서 전기공학, 서울불교대학원대학에서 상담심리학을 전공했으며, 동국대 대학원에서 철학박사 학위를 받았다. 동국대 한의학연구소, 덕성여대 사회과학연구소 연구교수를 역임했고 현재 동국대에 출강하며 불교와 심리치료의 융합을 주제로 연구를 진행하고 있다. 저서로는 《몸과 마음을 편안하게-명상 100문 100답》(공저), 《명상 어떻게 연구되었나》(공저) 등이 있다.

**강병화** 동국대 불교학과 학부·석사 과정을 거쳐 박사 과정을 밟았다. 동국대 불교문화연구원 전임연구원을 역임했고, ㈜가산불교문화연구원 상임연구원으로 재직하며 《가산불교대사림》 편찬에 참여했다. 타자의 마음과 관련된 유식학의 쟁점을 연구하고 있으며, 단 자하비(Dan Zahavi)의 《자기와 타자*self and other*》 번역 출간을 앞두고 있다.

UNLIMITING MIND
**붓다 마인드** 욕망과 분노의 불교심리학

**초판 1쇄 펴낸 날** 2018년 8월 31일
**지은이** 앤드류 올렌즈키
**옮긴이** 박재용·강병화
**펴낸이** 오종욱
**펴낸곳** 올리브그린
　　　　경기도 과천시 별양상가1로 18, 910호
　　　　070 7574 8991
　　　　0505 116 8991
**E-mail** olivegreen_p@naver.com

**ISBN** 978-89-98938-23-9  03180

**값** 15,000원